劉君祖易經世界

身處變動的時代，易經教你掌握知機應變，隨時創新的能力。

從易經解維摩詰經

劉君祖 著

目錄

推薦序／

理有妙玄，道在生生，佛只自在，妙歸無生
——從《易經》解《維摩詰經》

林安梧

我的老友，劉君祖兄，又要出書了。上回是《從易經解六祖壇經》，這回是《從易經解維摩詰經》，上回我寫了篇序，把我這幾十年來一點有關「儒、佛、禪」的理解，湊合湊合敘說了，希望能得到他的指教。他回了簡箋，說我寫的意態從容。這回他要我也寫個序來談談心得，我當然很是樂意；但問題到也來了，能懂能說的，上回也說了；這回難道要重複，那也不行。想著想著，居然多日不能下筆。前日，夜不能寐，在屋內踅了一圈，忽爾念起，那就從「維摩詰」起筆吧！

維摩詰（Vimalakīrti），無垢稱，是通天地人，是無相而有相，真空而妙有。《維摩詰經》說的是「無生法」，卻還涉天界人間，又把「生生法」也攝受了。本是「解脫道」，卻不礙人間路；又神通天際，亙古來今，真假俱泯，彷彿光照，似若依稀，熹微間卻洞徹而化，無所罣礙。

道可道，非常道。病本無病，無病還病，維摩詰本是無垢稱，依病示疾，此疾那堪得問，縱橫上下、十方法界，妙有真空，祇寂然默然，卻默然酣雷，生生化化。

說是禪，便禪；說是淨，那也淨。此心當下即淨土，淨土唯我心。心能通上下四方，能徹往古來今。心能覺，但不作主，心一作主便是意，有了主意便是執著，執著便是名相。淨此名相，無垢為稱，維摩詰所以維摩詰也。維摩詰是居士，居之為士，居而無拘，此士乃大士也，大士如佛也。過去心、現在心、未來心，了不可得。如如佛現，日月遍照。

數十寒暑，恍然惚然，竟成過去，何其速也。過去本無過去，來時無來，去時無去。遍虛空，未來今昔，皆為一際，參萬歲而一成純也。北溟有魚，其名為鯤，化而為鵬，九萬里圖南，當去以六月息者也，如此亦在呼吸間。原來「變易」祇是「簡易」，簡易還其「不易」也。生生祇此生生，生滅剎那，剎那生滅，看得悠長，自也悠長，看得剎那，也自剎那。可貴的是，識得生生之幾，還歸於造化之微，那人間歷史之勢，且由他去吧！

無垢稱，維摩詰，言語全撤了，心地還在，心也撤了，天地還在，天地原本空寂，此空寂乃其存在也。真空妙有，妙有真空也。道可道，非常道，名可名，非常名。維摩詰，無垢稱，稱之言之，心意一主便為有垢，心意撤了，可然無垢，無垢還有垢也。

存在造化，妙幾如神，神通萬里，還祇寂然，示寂何病？多了些機鋒，不如朦朧，恍惚間有些道光亮了，原來天日已出，竟爾遍照。天女散花，無罣無礙，灑落天際，飛揚之，飄移之，墜落之，浮沉之，載現載隱，隨喜音律，手之、舞之、足之、蹈之，是幾、是現、是無、是空，花降如雨，雨潤心地，心地是空。

起序為「佛果品」，心淨國土淨，簡直易經，天地乾坤，「大哉乾元，萬物資始」，「至哉坤元，萬物資生」「雲行雨施，品物流形」，最後還是「既濟」而「未濟」。方便權設，問疾示現，不動而妙喜，靜爾完歇，卻又彌勒，下生未來，亙於無際。真乃剎那生滅、生滅滅生。

夫子刪詩書，訂禮樂，讓詩吟歌唱，湧現生命的定向，讓生命在悠遠的歷史蒼穹，鍛煉疏通致遠的智慧，進而尋得天地的大節。在原則遵循中，納入身心的和諧，韻律的同一之中，就這樣才得參造化之源。審心念之幾，觀事變之勢，這是易經，參透天人性命天道，才能造為未來之理想國，轉為據亂世，昇平世，而太平世。

維摩詰，無垢稱，是居士，卻滿滿佛之莊嚴，原來此心即佛，佛即眾生。原來此山即水，大地悠悠，心佛眾生，三無差別，山河大地，自成等分，等分差別，還祇平等無別也。

思想其四十多年前的歲月，羣聚「星宿海」書坊，君祖兄的書店，長江黃河之源，竟爾如斯，構築「夏學會」，意在「以夏學奧質，尋拯世真文」。那年二、三十，興於詩，志氣昂揚，今已邁越三十而立、四十而不惑、五十而知天命、六十而耳順已矣。就此一眾，正往七十邁進，觀君祖兄大作，觀幾入微，參贊造化，妙玄天際，雲行雨施，品物流行，自成妙處，其生生法，早已涵化無生法矣！

理有妙玄，道在生生，佛只自在，妙歸無生，心念既起，隨喜讚歎！善哉！善哉！能自易經深解羣經，入於幽玄，明於人世，深察睿智，惟其實修爾矣，吾謂君祖兄之作，造道之言也，其理條暢、其氣通達，通極乎神，「神也者，妙萬物而為言者也」，是為序。

壬寅之秋序於台北福德元亨居

自序／

咸臨貞吉

這是我近年來一系列從易經解佛經的第四本書，可能也是這階段的最後一本，若按原先發心起念，至少應該努力完成六本。寰宇風雲變色，世亂如麻，感覺許多攸關個人與團體的志業必須再深入思考，高瞻遠望，儘快完成必要的轉型工作。《心經》、《金剛經》、《六祖壇經》到這本《維摩詰經》，平均一年出版一本，《法華經》、《楞嚴經》的易解計畫，俟未來機緣再說吧！

前年中，同門游祥洲師兄邀我至台北淨宗講堂對談「末法興大道」，對全球直播且有現場信眾，聚晤甚歡。會後他還有意安排我隔年去斯里蘭卡一遊，拜會論道弘法云云，當時世界各地的疫情漸起，我笑笑回道再說。今年七月，這個篤信小乘佛教的邦國不堪疫情與俄烏戰爭的影響，無力償還龐大外債而宣布破產，民生凋敝。我不免念想：這事兒佛管不管得了？如果管不了，眾生應該如何？其實，古印度以及許多篤信佛法的邦國亦復如是，怎麼理解業因果報？應如何濟度一切苦厄？所稱真實不虛的究竟是甚麼？

《維摩詰經》以居士說法，吸引且折服眾多羅漢乃至菩薩的情景，自古就很吸引文人雅士耽讀傳誦，而其周旋於世間各處都圓融無礙的本事也令人艷羨。唐代王維自號摩詰，可見一斑。白居易稱香山居士，蘇東坡詩詞中一再出現天女散花的摩詰境界，既嚮慕如來又不負卿卿，何樂如之？玄奘法師西行求法，還特地去尋維摩詰臥病的斗室，所謂須彌納芥子的奇蹟奧秘安在？這些都不宜只以神通視之，而要深省體悟其妙智慧與大願行。

我們處在今世的迷離亂局，當如何修習維摩詰的本事以從容應對，進而旋乾轉坤以普濟眾生？

十多年前，我以易占問《維摩詰經》的主旨，為臨卦第二爻動，爻辭稱：「咸臨，吉无不利。」〈小象傳〉解釋：「未順命也。」臨卦最重開放自由，鼓舞人發揮創意以面對並管理世界，不必順從定命的安排。〈大象傳〉稱：「君子以教思無窮，容保民無疆。」發展不可限量。臨二爻變，成復卦，充滿核心的創造力，生生不息。復卦的〈彖傳〉末讚嘆：「復其見天地之心乎！」宋儒張載膾炙人口的四句箴言：「為天地立心，為生民立命，為往聖繼絕學，為萬世開太平。」即由此而發。《禮記．禮運》明示：「人為天地之心。」

再以卦中有卦的理論檢視，臨卦中有二復卦，第二爻皆當復卦初爻之位，正是一陽復始的核心創意，可見其能量之強大，足以突破任何定制的羈絆而產生良好的效果。「人能弘道，非道弘人。」「神而明之，存乎其人。」維摩詰居士所展現而啟發有志修行者的應在於是。

時隔多年，我再問《維摩詰經》的特色為何？得出復卦初、二爻動，齊變有師卦之象。復以

自知，開發自性；師以動眾，

普濟群生。復卦初爻：「不遠復，無祇悔，元吉。」不遠即近，往外爭逐離道愈遠，切問近思才是正途。二爻：「休復，吉。」〈小象傳〉：「以下仁也。」碩果含仁即為生生不息的真機，引領眾生返歸自性，單爻變不又是臨卦嗎？佛佛同心，自度度人，不過如是。

最後還是引宋代禪詩作結，以與天下仁人志士共勉：「我有明珠一顆，久被塵勞關鎖，今朝塵盡光生，照破山河萬朵。」

劉君祖於辛丑年疫情未消普世艱困之際

前言

本書是從易佛互證的觀點，繼《金剛經》、《心經》、《六祖壇經》之後，再來品讀《維摩詰經》。佛經中名相甚多，學佛者得自己進修鑽研，搞清楚在講什麼。經中常提一些數字，三十二、三十六、八十、十萬八千等，就像《易經》中的數有一定的象徵意義。民初的大儒熊十力先生，最早是從學佛出身，再由佛轉儒，後來自己又有創見，很年輕就寫了《新唯識論》，要跟佛教的舊唯識論有所區分，因而引起民初一段儒家跟佛家很熱鬧的論爭。那時候論學都有一定的風度，參與論爭者也有相當的學養，印順法師就參加了那場論戰，跟熊十力有反覆的論辯。

熊先生在佛學與中國的儒道本學上的見識都非常深，他專門寫了一部書《佛家名相通釋》，等於是名詞解釋，但比一般的工具書可深多了，是從整個佛學思想立論，在熊先生全集中有，也有單行本。書裡先從方法開始，去解釋唯識的很多觀念，比一般解釋高，有思想的厚度。其他書有比較白話的解釋，搞清楚應該不算太難。

民國四十幾年的時候，專門從福建來台弘法的慈航法師，後來肉身成聖，也算是我的太老師。我二、三十年前就買了他的全集，非常深入淺出談佛理，也用大白話解釋佛教的一些基本觀念，值得參考。

《維摩詰經》分十四品，三萬三千字，值得慢慢細心品讀。在中國大概有七種譯本，其中以鳩摩羅什譯的最好，他的梵文跟中文的修為都很高，遣字用詞非常講究。維摩詰是在家的居士，就在污泥中修蓮花道，不必斬斷世俗生活，所以深受傳統文人的激賞。唐朝做過大官的王維，就自號摩詰。

《維摩詰經》也稱《淨名經》、《無垢經》，這是意譯。照佛教的說法，真正到了末法時期，主要傳法的責任在居士，反而不是寺廟裡的出家人。因為魔強法弱，佛皮魔骨的假貨太多。維摩詰就是亙古最出名的大居士，看看他怎麼在出世與入世間圓通無礙。

第一品為〈佛國品〉，講清淨佛土的觀念。「隨其心淨，則佛土淨。」正是《維摩詰經》裡世尊明白講出來的。淨土當下現前，根本不必到外面去找，主要是怎麼讓充滿妄念的心變得清淨，娑婆世界就是極樂世界，此岸、彼岸打成一片。既濟跟未濟根本就是一個卦，相錯、相綜、相交，既濟中有未濟，未濟中有既濟，《易經》最後把這個意思講透了。既濟第三爻稱：「高宗伐鬼方。」自以為是者黨同伐異，其實「高宗」跟「鬼方」真有那麼大差別嗎？通通把它含括了，就是未濟第四爻的「震用伐鬼方」，震是一切眾生的自性，揚善去惡，無有高下，這是化解世界紛爭的關鍵。

〈佛國品〉中主角維摩詰居士呼之欲出，但是還沒有出現，他在第二品才出場，然後就一直打通關到最後。整個《維摩詰經》的記述很有意思，分幾個場景，從第一幕佛講經的地方開始，然後鏡頭轉換，到第二品維摩詰居士生病的住處，在那邊進行論辯。佛派好些大菩薩與羅漢去探病，結果沒人敢去，因為過去都有被他駁倒的經驗。最後總算到第五品的時候，文殊師利菩薩去了，他在大菩薩中智慧第一，是七佛之母。

這一去可就熱鬧了，文殊跟維摩詰兩大高手展開論辯，大談大乘佛法中極其高深的義理。最後維摩詰以及文殊帶過去探病的隊伍，全部又轉回原來第一品的現場，再聽世尊做總結。

重要的佛經最後都得咐囑，〈囑累品第十四〉世尊叮囑未來佛彌勒弘揚流布此經。《易經》離卦〈大象傳〉稱：「大人以繼明照于四方。」薪盡火傳，無有止息。這是整個《維摩詰經》大致的結構。

佛國品第一

如是我聞。一時，佛在毗耶離庵羅樹園，與大比丘眾八千人俱，菩薩三萬二千。眾所知識，大智本行，皆悉成就。諸佛威神之所建立，為護法城，受持正法。能師子吼，名聞十方。眾人不請，友而安之。紹隆三寶，能使不絕。降服魔怨，制諸外道。悉已清淨，永離蓋纏。心常安住，無礙解脫。

「如是我聞」是許多佛經開頭第一句。日正為是，象徵光明的真理大道。《易經》第一爻到最後一爻都在談「是」。乾卦初爻：「潛龍勿用。」〈文言傳〉稱：「不見是而无悶。」耐得住寂寞潛修。未濟卦上爻：「有孚失是。」〈小象傳〉稱：「亦不知節也！」情發不中節，惹出新的事端，偏離了大道。聞不只是聽，而是聽明白了。據說多數佛經皆由參與法會的阿難記載，了悟後，再根據博聞強記把它寫下來，不可能字字不差。《論語．公冶長篇》：「賜也何敢望回？回也聞一以知十，賜也聞一以知二。」子貢自嘆不如顏回聰明，同樣理解了一事，子貢可推知密切相關的另一事，而顏回則能全盤了悟所有方方面面的事。如是我聞，為「我聞如是」的倒裝句，意同「我聽講後所了解的是這樣」。我還不限指小我，可以推高到真我、大我。人生總希望能突破小我的執著，修到大我的究竟。無我相，我指小我。涅槃四德的常、樂、我、淨，我指大我。觀卦第五爻居君位：「觀我生，君子无咎。」〈小象傳〉：「觀民也。」就是觀大我。第三爻還在內卦、下卦，爻辭：「觀我生，進退。」則是觀小我。人要先突破小我，才能夠體證到超越的大我。〈大象傳〉稱：「風行地上，先王以省方觀民設教。」就是佛教中的觀音法門，面對各類眾生現身說法。從觀小我到觀大我，中間第四爻的轉折很重要，爻辭稱：「觀國之光，利用賓于王。」到世界各地多跑跑，才有廣闊的世界觀。

離卦光明普照，第三爻：「日昃之離，不鼓缶而歌，則大耋之嗟，凶。」日落昏黃，老景淒涼，常人自怨自艾，不懂得安逸過活。〈小象傳〉：「何可久也？」只怕離死不遠，這是小我的悲情。第五爻居君位：「出涕沱若，戚嗟若，吉。」則是觀眾生悲苦的大悲。中間經過第四爻的災難浩劫：「突如其來如，焚如，死如，棄如。」所以由小悲昇華到大悲。〈繫辭傳〉：「三與五，同功而異位。三多凶，五多功，貴賤之等也。」內卦的第三爻與外卦的第五爻，言我言悲，卻有小大之分。蒙卦談啟蒙，卦辭：「匪我求童蒙，童蒙求我。」我亦指真我、大我。

「如是我聞」，以小我的色身去聞，希望超越我執，而盡窺大我的究竟。「一時」，隨時隨地，沒有固定是歷史上的哪個時間，有永恆的價值。一時的一非數量詞，而是完整不可分割之意。〈繫辭傳〉：「同歸而殊途，一致而百慮。」「天下之動，貞夫一者也。」《老子》：「道生一。」「天得一以清，地得一以寧……王侯得一以為天下貞。」道家最高境界就是「得一」、

「抱一」、「致一」。

佛經開場這六個字，已經講出了佛法的妙義。所謂不二法門，不二就是一，大家在法會上虛心探討一。佛在毗耶離庵羅樹園，毗耶離是城，庵羅樹園應該是在市郊，就像《金剛經》的祇樹給孤獨園，都確有其地。

「與大比丘眾八千人俱，菩薩三萬二千。」《金剛經》則是千二百五十人俱，人少多了。「眾所知識，大智本行，皆悉成就。」眾所知識，就是大比丘眾八千人，還有那三萬二千菩薩，名聞遐邇，大家都知道他們修行功深。廣大的智慧和根本的修行，都已圓滿成就。布施、持戒、忍辱、精進、禪定、智慧，菩薩的六度萬行跟一卦六爻完全相當，由內而外，由下而上步步攀高。

「諸佛威神之所建立，為護法城，受持正法。」他們由諸佛的威力神通所建立，都是護持佛法的干城，接受且修持了佛的正法。

《楞嚴經》卷一記述阿難白佛言：「自我從佛發心出家，恃佛威神，常自思惟，無勞我修，將謂如來惠我三昧，不知身心本不相代。失我本心，雖身出家，心不入道……今日乃知，雖有多聞，若不修行，與不聞等。」諸佛的威神是有啟蒙提攜之功，但是修行仍得靠個人。

「能師子吼，名聞十方。」師子即獅子，吼聲威震叢林，比喻宣講佛法振聾發聵。十方為東、南、西、北、東南、東北、西南、西北，再加上、下二方。渙卦第五爻：「渙汗其大號，渙王居，无咎。」〈小象傳〉：「正位也。」渙是建立中心理念後廣為弘法傳播之意，發出偉大的號召，以警醒世世代代的人心。佛廟就似王居，真正永恆的廟是無形的，不必富麗堂皇，可以蓋在每一個人心中，任何天災人禍都無法摧毀。渙也是化散，藉著傳播真理勘破化解我們心中諸多的欲望。

渙卦六爻的弘法濟世歷程，值得深入闡揚。初爻代表廣大眾生，爻辭：「用拯馬壯，吉。」末法時期人心渙散，迫切待正法拯救。第二爻：「渙奔其机，悔亡。」菩薩聞聲救苦救難，建立教化的平台。第三爻：「渙其躬，无悔。」躬是自我，化解小我的執著叫渙其躬，意即《金剛經》講的「無我相」。《老子》亦稱：「吾之所以有大患者，為吾有身，及吾無身，吾有何患？」這在艮卦就是第四爻：「艮其身，无咎。」〈小象傳〉：「止諸躬也。」自度之後度人，渙卦第四爻：「渙其群，元吉。渙有丘，匪夷所思。」由躬而群，就是無人相。丘喻廣大眾生，取積土為山之意。渙有丘，就是無眾生相。匪夷所思，就有不可思議的神通，佛經中甚多，但仍為弘法方便，並非修行的目的。不修正行，一味賣弄神通，根本就是邪魔外道！第五爻：「渙汗其大號，渙王居。」既證永恆，不受時空所限，就是「無壽者相」。爻變為蒙卦，渙卦中初至五爻亦為蒙卦，渙五爻正當蒙上爻「擊蒙」之位，當頭棒喝作獅子吼。渙卦上爻：「渙其血，去逖出，无咎。」〈小象傳〉：「遠害也。」這是化外之民，闡提不能成佛，就像身體違和，必須針刺放掉髒血一樣，以免影響正常的血液循環。

「眾人不請，友而安之。紹隆三寶，能使不絕。」不需要眾生祈請，他們就會來友善幫忙，傳承佛法僧三寶，使之延續不絕。想修菩薩行，要做眾生不請之友，觀世音聞聲救苦，進一步尋聲救苦，化被動為主動，真正大慈大悲。需卦上爻：「有不速之客三人來，敬之終吉。」滿足眾生的需求，主動幫他們解決問題。「降服魔怨，制諸外道。」人有很多心魔，總是怨天尤人，菩薩能幫著降服這些魔怨。佛法往內心求證，稱內學，民國初年歐陽竟無主持南京內學院，熊十力去深修了幾年佛學。心外求法的都叫外道，不可能修到究竟，菩薩亦能一一制服。

「悉已清淨，永離蓋纏。心常安住，無礙解脫。」菩薩身心都已清淨，永遠擺脫五蓋十纏的種種煩惱。內心安寧靜定，沒有任何妨礙，解脫自在。五蓋十纏是佛經的名相，為各種煩惱的總稱。蓋指覆蓋心性，難生善法。纏是纏繞束縛，不易掙脫。五蓋是貪欲、瞋恚、睡眠、掉悔、疑蓋。十纏是無慚、無愧、嫉、慳、悔、睡眠、掉舉、昏沉、瞋忿、覆。蒙卦初爻：「用脫桎梏。」坎卦上爻：「係用徽纆，寘于叢棘，三歲不得。」困卦第三爻：「困于石，據于蒺蔾。」上爻：「困于葛藟。」豐卦第二、第四爻：「豐其蔀。」第三爻：「豐其沛。」都有蓋纏之象。

「念、定、總持，辯才不斷。布施、持戒、忍辱、精進、禪定、智慧及方便力，無不具足。逮無所得不起法忍，已能隨順，轉不退輪。善解法相，知眾生根。蓋諸大眾，得無所畏。」

「念、定，總持，辯才不斷。」念指正念，定為正定，均屬八正道。總持，音譯為「陀羅尼」，指總納一切真理，修持各種法門而不偏離忘失。辯才不斷，能言善辯。「布施、持戒、忍辱、精進、禪定、智慧及方便力，無不具足。」布施、持戒、忍辱、精進、禪定、智慧，菩薩的六度萬行，以及因材施教的方便法門，全部具備。「逮無所得不起法忍，已能隨順，轉不退輪。」《心經》：「無智亦無得，以無所得故。」井卦實即開發自性，卦辭：「無喪無得。」不起法忍，即「無生法忍」，指認識到世界的本質，內心安穩不動，萬事無所貪求，無所取得。「逮」就是已經達到這種境界。轉法輪，即佛說法超度眾生。修到八地菩薩，可繼續精進不再退步，隨順諸佛濟度眾生。

旅卦第五爻：「終以譽命。」〈小象傳〉：「上逮也。」備受稱譽而實現了天命，上進到文明成就的巔峰。中孚卦：「豚魚吉，利涉大川，利貞。」〈彖傳〉：「信及豚魚也。」小豬小魚象徵最冥頑不靈的水陸眾生，偉大的信仰必須教化到最基層，才是正信，才是大慈大悲。淨土宗信奉阿彌陀佛，不識字的愚夫愚婦只要老實念佛，亦可往生極樂，正為此意。

「善解法相，知眾生根。」對宇宙萬有的本質透徹了解，也熟知眾生的根性，所謂「所有眾生若干種心，如來悉知悉見。」「蓋諸大眾，得無所畏。」修為遠遠超越眾生，得證四種無畏。菩薩的四無畏：一、總持無畏，明解教義而不忘失。二、知根無畏，知道眾生根性利鈍。三、決疑無畏，解答眾生疑難，無所罣礙。四、答報無畏，善於問答，不會被難倒。布施分財施、法施、無畏施。震卦〈大象傳〉：「君子以恐懼修省。」大過卦〈大象傳〉：「君子以獨立不懼，遯世无悶。」自性確立，便能無畏，應對一切末世劫難。

功德智慧，以修其心；相好嚴身，色像第一，捨諸世間所有飾好。名稱高遠，踰於須彌；深信堅固，猶若金剛。法寶普照，而雨甘露。於眾言音，微妙第一。深入緣起，斷諸邪見，有無二邊，無復餘習。演法無畏，猶師子吼；其所講說，乃如雷震。無有量，已過量。集眾法寶，如海導師。了達諸法深妙之義，善知眾生往來所趣及心所行。近無等等佛自在慧、十力、無畏、十八不共。關閉一切諸惡趣門，而生五道以現其身。為大醫王，善療眾病，應病與藥，令得服行。無量功德皆成就，無量佛土皆嚴淨。其見聞者，無不蒙益；諸有所作，亦不唐捐。如是一切功德，皆悉具足。

以功德智慧修養內心，形相莊嚴美妙，捨棄世間所有裝飾玩好。名聲高遠，超越須彌山，信仰深厚堅固，猶若金剛不壞。佛法寶光普照，如甘露法雨潤澤萬物。跟眾人說法，言語聲音深微奧妙。中孚卦第二爻：「鳴鶴在陰，其子和之。我有好爵，吾與爾靡之。」真誠引起共鳴，分享法喜，爻變為益卦，利益眾生。「深入緣起，斷諸邪見，有無二邊，無復餘習。」深切體悟緣起性空的道理，斷滅各種邪見，不再有一般人的習氣，有無二端都不執著。《心經》講十二緣生，稱：「無無明，亦無無明盡。無老死，亦無老死盡。」「演法無畏，猶師子吼；其所講說，乃如雷震。」敷演佛法，無所畏懼，如師子吼；其所講說，如雷霆震動，警醒眾生。「無有量，已過量。」《莊子．天下篇》：「至小無內，至大無外。」即為此意。無有量，至小無內；已過量，至大無外。

「集眾法寶，如海導師。」菩薩兼備各種法寶，幫助眾生普度慈航。「了達諸法深妙之義，善知眾生往來所趣及心所行。」對一切法門了悟透徹，知道眾生在六道輪迴中的狀況，以及心念所趨。六道為天、人、阿修羅三善道，以及地獄、餓鬼、畜牲三惡道。「近無等等佛自在慧、十力、無畏、十八不共。」佛祖自在無礙的智慧，無人能與之相等，菩薩修到的境界已經很接近。《心經》：「是無上咒，是無等等咒，能除一切苦，真實不虛。」十力指如來具備的十種智力，分別是知覺處非處智力、知三世業報智力、知禪定解脫三昧智力、知諸根勝劣智力、知種種解智力、知種種界智力、知一切至處道智力、知天眼無礙智力、知宿命無漏智力、知永斷習氣智力。

十八不共，「不共」正是佛祖獨有的高深境界。菩薩接近但還沒有。身無失、口無失、念無失、無異想、無不定心、無不知已捨、欲無滅、精進無滅、念無滅、慧無滅、解脫無滅、解脫知見無滅、一切身業隨智慧行、一切口業隨智慧行、一切意業隨智慧行、智慧知過去世無礙、智慧知未來世無礙、智慧知現在世無礙。

「關閉一切諸惡趣門，而生五道以現其身。」菩薩已經超越生死輪迴，關閉了進入地獄、餓鬼、眾生三惡道的門戶，但為了拯濟眾生，又投生五道以現身說法。「為大醫王，善療眾病，應病與藥，令得服行。」他們是偉大的醫王，善於以佛法治療眾生的疾病，都能對症下藥，使其身心痊癒。

「無量功德皆成就，無量佛土皆嚴淨。」他們成就無量功德，無量佛土因而莊嚴清淨。「其見聞者，無不蒙益；諸有所作，亦不唐捐。如是一切功德，皆悉具足。」凡親見聆聽佛法者無不蒙受益處，菩薩所作所為都不會徒勞無功。如此種種功德，全部具足。

其名曰：等觀菩薩、不等觀菩薩、等不等觀菩薩、定自在王菩薩、法相菩薩、光相菩薩、光嚴菩薩、大嚴菩薩、寶積菩薩、辯積菩薩、寶手菩薩、寶印手菩薩、常舉手菩薩、常下手菩薩、常慘菩薩、喜根菩薩、喜王菩薩、辯音菩薩、虛空藏菩薩、執寶炬菩薩、寶勇菩薩、寶見菩薩、帝網菩薩、明網菩薩、無緣觀菩薩、慧積菩薩、寶勝菩薩、天王菩薩、壞魔菩薩、電德菩薩、自在王菩薩、功德相嚴菩薩、師子吼菩薩、雷音菩薩、山相擊音菩薩、香象菩薩、白香象菩薩、常精進菩薩、不休息菩薩、妙生菩薩、華嚴菩薩、觀世音菩薩、得大勢菩薩、梵網菩薩、寶杖菩薩、無勝菩薩、嚴土菩薩、金髻菩薩、珠髻菩薩、彌勒菩薩、文殊師利法王子菩薩。如是等三萬二千人。

菩薩來了三萬二千，總得講一講，大致列舉於下：等觀菩薩、不等觀菩薩、等不等觀菩薩，兩頭不住。定自在王菩薩、法自在王菩薩、法相菩薩、光相菩薩、光嚴菩薩、大嚴菩薩、寶積菩薩、辯積菩薩、寶手菩薩、寶印手菩薩、常舉手菩薩、常下手菩薩。常舉手菩薩適合當國會議員，常下手菩薩適合當劊子手。常慘菩薩，我們可不想修。喜根菩薩、喜王菩薩、辯音菩薩、虛空藏菩薩，執寶炬菩薩像自由女神。寶勇、寶見、帝網、明網、無緣觀、慧積、寶勝、天王、壞魔菩薩、電德菩薩、自在王菩薩、功德相嚴菩薩、師子吼菩薩、雷音菩薩、山相擊音菩薩、香象、白香象菩薩、常精進菩薩、不休息菩薩。真苦啊，終日乾乾，自強不息。妙身、華嚴菩薩、觀世音菩薩，得大勢就是大勢至菩薩。梵網菩薩、寶杖、無勝、嚴土、金髻、珠髻，還有未來佛彌勒菩薩，以及智慧第一的文殊師利法王子菩薩等。

復有萬梵天王尸棄等，從餘四天下來詣佛所而聽法。復有萬二千天帝，亦從餘四天下來在會坐。並餘大威力諸天、龍神、夜叉、乾闥婆、阿修羅、迦樓羅、緊那羅、摩睺羅伽等，悉來會坐。諸比丘、比丘尼、優婆塞、優婆夷，俱來會坐。彼時，佛與無量百千之眾，恭敬圍繞而為說法，譬如須彌山王顯於大海，安處眾寶師子之座，蔽於一切諸來大眾。

梵天是色界的初禪天，梵為清淨之意，遠離淫慾。大梵天王為梵天之主，名為尸棄。四天下即四大洲：東勝神洲、南瞻部洲、西牛貨洲、北俱盧洲。《西遊記》中有提到。尸棄等數以萬計的大梵天王，也從其餘四天下來佛的居所聆聽佛法。超脫欲界為色界，再往上就是無色界，統稱三界。天帝即天帝釋，有人說就是《西遊記》中的玉皇大帝。

下面是天龍八部，金庸的小說將之形象化，變成一個個江湖高手。「並餘大威力諸天、龍神、夜叉、乾闥婆、阿修羅，迦樓羅、緊那羅、摩睺羅伽等，悉來會坐。」男的阿修羅很醜，常跟天帝釋戰鬥，似噬嗑卦；女的阿修羅則美到極點，就像賁卦。「諸比丘、比丘尼、優婆塞、優婆夷，俱來會坐。」這叫四眾。比丘是男出家眾，比丘尼是女出家眾，男在家眾是優婆塞，女在家眾是優婆夷。「彼時，佛與無量百千之眾，恭敬圍繞而為說法，譬如須彌山王顯於大海，安處眾寶師子之座，蔽於一切諸來大眾。」那時，佛在信眾的恭敬圍繞中為他們說法，有如須彌山高聳於大海之上，安坐在各種珠寶裝飾的師子座中，佛光蔭庇前來聽法的大眾。

爾時，毗耶離城有長者子名曰寶積，與五百長者子俱持七寶蓋來詣佛所，頭面禮足，各以其蓋共供養佛。佛之威神，令諸寶蓋合成一蓋，徧覆三千大千世界，而此世界廣長之相，悉於中現。又此三千大千世界，諸須彌山、雪山、目真鄰陀山、摩訶目真鄰陀山、香山、寶山、金山、黑山、鐵圍山、大鐵圍山、大海江河、川流泉源，及日月星辰、天宮、龍宮、諸尊神宮，悉現於寶蓋中。又十方諸佛，諸佛說法，亦現於寶蓋中。爾時，一切大眾睹佛神力，歎未曾有，合掌禮佛，瞻仰尊顏，目不暫捨。

這時，毗耶離城有一位長者的兒子名寶積，他與五百位長者之子，都手持七寶蓋來到佛的居所，五體投地用頭去碰佛足，各自獻上寶蓋供養佛祖。佛的神通威力使諸寶蓋合成一蓋，遍覆三千大千世界，而世界廣闊的景象完全顯現其中。我們現在瞭解的宇宙可說無窮無盡，佛的宇宙觀與此非常接近。這三千大千世界中，諸須彌山、雪山、目真鄰陀山、摩訶目真鄰陀山、香山、寶山、金山、黑山、鐵圍山、大鐵圍山、大海江河、川流泉源，以及日月星辰、天宮、龍宮、諸尊神宮，都顯現於寶蓋中。又有十方諸佛說法，也都在寶蓋中顯現。這時，一切大眾目睹佛祖神力，讚歎是未曾有過的奇蹟，都雙手合十禮佛，抬頭仰望佛祖容顏，目光不曾片刻捨離。

於是長者子寶積，即於佛前以偈頌曰：

目淨修廣如青蓮，心淨已度諸禪定，
久積淨業稱無量，導眾以寂故稽首。
既見大聖以神變，普現十方無量土，
其中諸佛演說法，於是一切悉見聞。
法王法力超群生，常以法財施一切，
能善分別諸法相，於第一義而不動。
已於諸法得自在，是故稽首此法王，
說法不有亦不無，以因緣故諸法生。
無我無造無受者，善惡之業亦不亡，
始在佛樹力降魔，得甘露滅覺道成。
已無心意無受行，而悉摧伏諸外道，
三轉法輪於大千，其輪本來常清淨。

長者子寶積就在佛祖座前頌偈：

雙眼長大明淨如同青蓮，心淨已經渡過禪定之海，長久積累淨業，達到無量境界，以寂靜真諦引導眾生，因此向佛伏地行禮。諸行無常，諸法無我，涅槃寂靜，是所謂的三法印，淨土宗最嚮往的稱常寂光淨土。〈繫辭傳〉：「寂然不動，感而遂通天下之故。」剛剛看見佛的神通變化，顯現十方無量國土，還有諸佛演說佛法的情景，都在其中顯現。佛祖法力超群，以佛法布施一切眾生。能善分別各種法相，稟持最高真理的第一義毫不動搖。已於諸法中得到自在，所以向您致最敬禮。佛祖說法兩頭不住，既不講有，也不講無，只是因緣聚合而生。無我，不執著我相。無造，沒有上帝，沒有造物主。無受者，既然沒有外在的創造者，當然就沒有被創造的客體。〈說卦傳〉：「神也者，妙萬物而為言者也。」承認自然萬化之妙，不講造物。如果有造物主，任何人都不可能超過他。所以眾生皆有佛性，都可能成佛，遂有三世諸佛，《易經》則稱「群龍無首」。西方神再怎麼愛世人，人也不可能變成上帝。「善惡之業亦不亡」，但是因果可絕對有，業不會莫名其妙就消，造了業就有結果，甚至超越生死。「萬般將不去，惟有業隨身。」

佛陀先在菩提樹下降魔，得證涅槃寂滅，甘露形容境界美妙。解卦〈彖傳〉：「天地解而雷雨作，雷雨作而百穀草木皆甲坼，解之時大矣哉！」乾卦〈彖傳〉：「雲行雨施，品物流形。」《老子》：「天地相合，以降甘露，民莫之令而自均。」已經沒有心意作為，「無受行」是什麼？就是「五蘊皆空」的受蘊跟行蘊，「受」是內心對外界的接受，「行」是內心對外界的思考作用。無受無行，能夠摧伏所有邪魔外道。「三轉法輪於大千，其輪本來常清淨。」佛陀覺悟後在鹿野苑初轉法輪，有示轉、勸轉、證轉共三轉。示轉，向弟子顯示苦集滅道四諦之相；勸轉，勸說弟子知苦、斷集、證滅、修道；證轉，以自身為證說法。法輪本然清淨無垢。

天人得道為此證，三寶於是現世間，
以斯妙法濟群生，一受不退常寂然。
度老病死大醫王，當禮法海德無邊，
毀譽不動如須彌，於善不善等以慈。
心行平等如虛空，孰聞人寶不敬承，
今奉世尊此微蓋，於中現我三千界。
諸天龍神所居宮，乾闥婆等及夜叉，
悉見世間諸所有，十力哀現是化變。
眾睹希有皆歎佛，今我稽首三界尊，
大聖法王眾所歸，淨心觀佛靡不欣。
各見世尊在其前，斯則神力不共法，
佛以一音演說法，眾生隨類各得解。
皆謂世尊同其語，斯則神力不共法，

佛以一音演說法，眾生各個隨所解。
普得受行獲其利，斯則神力不共法，
佛以一音演說法，或有恐畏或歡喜。
或生厭離或斷疑，斯則神力不共法，
稽首十力大精進，稽首已得無所畏。
稽首住於不共法，稽首一切大導師，
稽首能斷眾結縛，稽首已到於彼岸。
稽首能度諸世間，稽首永離生死道，
悉知眾生來去相，善於諸法得解脫，
不著世間如蓮華，常善入於空寂行。
達諸法相無罣礙，稽首如空無所依。

「天人得道為此證，三寶於是現世間，以斯妙法濟群生，一受不退常寂然。」佛祖初轉法輪時度化的天人，正是法輪清淨的證明，佛、法、僧三寶從此照耀世間，用這樣完美的佛法拯救眾生，讓他們接受後心意寂靜，不再退轉或亡失。「度老病死大醫王，當禮法海德無邊。」佛祖是偉大的醫王，救助眾生遠離生老病死之苦，我等應當向這功德無邊的法海禮敬。「毀譽不動如須彌，於善不善等以慈。」佛祖面對世間毀譽，安穩不動如須彌山，平等慈悲對待善或不善的一切眾生。《老子》：「吾有三寶，持而保之，一曰慈……慈故能勇……天將救之，以慈衛之。」「善者吾善之，不善者吾亦善之，德善。信者吾信之，不信者吾亦信之，德信。」「心行平等如虛空，孰聞人寶不敬承。」佛祖以平等心對待一切眾生，廣大無邊猶如虛空，知道有這樣的珍寶，誰不敬仰供奉呢？「今奉世尊此微蓋，於中現我三千界。諸天龍神所居宮，乾闥婆等及夜叉，悉見世間諸所有，十力哀現是化變。」現在我向世尊獻上這卑微的華蓋，其中顯現出三千大千世界，諸天龍神所住的宮殿，還有乾闥婆等及夜叉，世間種種景象全部呈現出來，如來十力哀憫眾生，故而顯現出這神奇的變化。「眾睹希有皆歎佛，今我稽首三界尊，大聖法王眾所歸，淨心觀佛靡不欣。」大家都看到了這希有的景觀，讚嘆佛的威德，現在我向三界之尊稽首行禮，您是眾生所歸依的大聖法王，我們淨心觀仰皆大歡喜。

「各見世尊在其前，斯則神力不共法。」大家都看到世尊出現在眼前，這是您獨一無二的神力所致。「佛以一音演說法，眾生隨類各得解。皆謂世尊同其語，斯則神力不共法。」佛以同樣的聲音演說佛法，各類眾生卻根據自己情況去體會理解，都覺得世尊的言語和自己相同，這也是佛祖獨一無二的神力啊！「佛以一音演說法，眾生各各隨所解。普得受行獲其利，斯則神力不共法。」佛以同樣的聲音演說佛法，眾生根據自己情況去理解，都能接受修行而獲利，這是佛祖獨一無二的神力。「佛以一音演說法，或有恐畏或歡喜。或生厭離或斷疑，斯則神力不共法。」佛以同樣的聲音演說佛法，聽法眾生卻有不同感應，有的驚恐畏懼，有的歡欣鼓舞。有的厭棄世間，有的斷絕疑惑，這也是佛祖獨一無二的神力。「稽首十力大精進，稽首已得無所畏。稽首住於不共法，稽首一切大導師，稽首能斷眾結縛，稽首已到於彼岸。」我向擁有十力勇猛精進的佛祖稽首，向已得無畏的您致敬，向修成十八不共法的您致敬，向一切眾生的偉大導師致敬，向斷除眾生束縛的您致敬，向已達涅槃彼岸的您致敬。「稽首能度諸世間，稽首永離生死道。」向能救度世間眾生的佛祖致敬，向永遠脫離了生死輪迴的您致敬。「悉知眾生來去相，善於諸法得解脫。不著世間如蓮華，常善入於空寂行。達諸法相無罣礙，稽首如空無所依。」佛祖洞悉眾生生死來去的情況，善於在諸法中獲得解脫，不被世間塵垢汙染，如同蓮花出泥而清新，常悟入空寂之境，通達世界本質，毫無窒礙，我向虛空自在、無所依傍的佛祖稽首行禮。

爾時，長者子寶積說此偈已，白佛言：「世尊，是五百長者子皆已發阿耨多羅三藐三菩提心。願聞得佛國土清淨，唯願世尊說諸菩薩淨土之行。」佛言：「善哉！寶積，乃能為諸菩薩問於如來淨土之行。諦聽諦聽！善思念之。當為汝說。」於是寶積及五百長者子，受教而聽。

這時，長者子寶積說完這段偈頌，對佛陳言道：「世尊！這五百長者之子都已發心求證無上正等正覺。我們希望知道佛國是如何清淨，請世尊為我等演說菩薩如何修行而得證淨土？」佛說：「好啊！寶積，你能為諸菩薩問如來的淨土修行。仔細傾聽，認真思考，我將為你們演說。」

於是寶積和五百長者之子恭受教誨，仔細聆聽。

佛言：「寶積，眾生之類是菩薩佛土。所以者何？菩薩隨所化眾生而取佛土，隨所調伏眾生而取佛土，隨諸眾生應以何國入佛智慧而取佛土，隨諸眾生應以何國起菩薩根而取佛土。所以者何？菩薩取於淨國，皆為饒益諸眾生故。譬如有人欲於空地造立宮室，隨意無礙；若於虛空，終不能成。菩薩如是，為成就眾生故，願取佛國。願取佛國者，非於空也。」

佛言很長，一波一波像海潮音，說道：「寶積，一切有情眾生就是菩薩佛土啊，為什麼這麼講呢？」第一句就講出了重點。當下即是，此岸就是彼岸，轉煩惱就成菩提，既濟就是未濟，不要離世覓菩提。轉識成智，阿賴耶識可以轉成大圓鏡智。所以眾生之類就是菩薩佛土，娑婆世就是極樂世，心淨國土就淨。心不淨，離開這兒到哪裡都找不到淨土。「菩薩隨所化眾生而取佛土，隨所調伏眾生而取佛土，隨諸眾生應以何國入佛智慧而取佛土，隨諸眾生應以何國起菩薩根而取佛土。」取佛土的取字，很有深意。易學始於觀象取象，〈繫辭傳〉：「古者包犧氏之王天下也，仰則觀象於天，俯則觀法於地，觀鳥獸之文與地之宜，近取諸身，遠取諸物，於是始作八卦，以通神明之德，以類萬物之情。」往卜舉了十三個卦，象徵中國文明的發展，皆稱「蓋取諸離……蓋取諸夬」等。咸卦為人心所感，卦辭稱「取女吉」；姤卦為因緣遇合，卦辭稱「勿用取女」。人心取象，往往決定其行止，佛土亦然。

菩薩根據他們度化眾生的情況而取得相應的佛土，根據他們調教眾生除惡行善的情況而取得相應的佛土，根據眾生來世將在甚麼佛土上得到解脫而取得相應的佛土，根據眾生將在甚麼佛土上起菩薩根而取得相應的佛土。為什麼這麼講呢？「菩薩取於淨國，皆為饒益諸眾生故。譬如有人欲於空地造立宮室，隨意無礙；若於虛空，終不能成。菩薩如是，為成就眾生故，願取佛國。願取佛國者，非於空也。」菩薩得到佛國淨土，都是為了有益眾生。譬如有人要在空地上造立宮室，隨便怎麼造都沒有阻礙；但若想在虛空中造，就無法建成。菩薩正是這樣，為了成就眾生而發願得到佛國。佛國是以眾生為基礎，並非可從虛空中獲取。

屯卦初爻：「磐桓，利居貞。」磐是打地基，桓是搭樑柱，建屋以供居住。之前為坤卦，坤為土地，隨便怎麼蓋都可以。我曾去希臘遊覽，第一個景點就是雅典的巴特農神殿，當下占一卦，就得屯卦初爻，全合當地情景。爻變是比卦，相互親附，為坤宮的歸魂卦，是否還有很多英靈流連忘返幾千年？升卦第三爻：「升虛邑。」為海市蜃樓，純屬虛幻，虛空中無法造立宮室。菩薩為成就眾生願取佛國，必須因人制宜務實教導，深入淺出循循善誘。觀卦〈大象傳〉：「風行地上，先王以省方觀民設教。」風行於大地之上，才能普及教化。小畜卦為風行天上之象，打高空不落實，卦辭稱：「密雲不雨。」難期有成。

「寶積當知！直心是菩薩淨土，菩薩成佛時，不諂眾生來生其國；深心是菩薩淨土，

菩薩成佛時，具足功德眾生來生其國；菩提心是菩薩淨土，菩薩成佛時，大乘眾生來生其國。布施是菩薩淨土，菩薩成佛時，一切能捨眾生來生其國；持戒是菩薩淨土，菩薩成佛時，行十善道滿願眾生來生其國；忍辱是菩薩淨土，菩薩成佛時，三十二相莊嚴眾生來生其國；精進是菩薩淨土，菩薩成佛時，勤修一切功德眾生來生其國；禪定是菩薩淨土，菩薩成佛時，攝心不亂眾生來生其國；智慧是菩薩淨土，菩薩成佛時，正定眾生來生其國；四無量心是菩薩淨土，菩薩成佛時，成就慈悲喜捨眾生來生其國；四攝法是菩薩淨土，菩薩成佛時，解脫所攝眾生來生其國；方便是菩薩淨土，菩薩成佛時，於一切法方便無礙眾生來生其國；三十七道品是菩薩淨土，菩薩成佛時，念處、正勤、神足、根、力、覺、道眾生來生其國；迴向心是菩薩淨土，菩薩成佛時，得一切具足功德國土；說除八難是菩薩淨土，菩薩成佛時，國土無有三惡八難；自守戒行不譏彼闕是菩薩淨土，菩薩成佛時，國土有無犯禁之名；十善是菩薩淨土，菩薩成佛時，命不中夭、大富、梵行、所言誠諦、常以軟語、眷屬不離、善和諍訟、言必饒益、不嫉、不恚、正見眾生來生其國。」

「寶積當知！直心是菩薩淨土，菩薩成佛時，不諂眾生來生其國。」坤卦第二爻：「直方大，不習无不利。」同人卦第五爻：「同人先號咷而後笑，大師克相遇。」〈小象傳〉：「以中直也。」困卦第五爻：「困于赤紱，乃徐有脫。」〈小象傳〉：「以中直也。」《論語》：「人之生也直。」「舉直錯諸枉，能使枉者直。」質直之心是菩薩淨土，菩薩成佛時，不會諂媚眾生來生在佛國。豫卦第三爻：「盱豫悔，遲有悔。」瞪大眼睛拍馬屁，逢迎上意，就是諂媚，自招其悔。第二爻：「介于石，不終日，貞吉。」〈繫辭傳〉記孔子表彰：「君子上交不諂，下交不瀆，其知幾乎！」不諂媚逢迎眾生，很多廟業為了興旺，不正是如此嗎？反過來說，眾生迷信圖個人私利也是諂媚，稱為「佞佛」。真瞭解佛的不會佞佛，教化眾生也無須苟且迎合。說法深入淺出，是為了引導眾生由淺入深，進趨高明，並非遷就庸俗。通俗而非媚俗，大家必須懂得這個分寸。

「深心是菩薩淨土，菩薩成佛時，具足功德眾生來生其國。」用心深厚堅固是菩薩淨土，菩薩成佛時，一切功德圓滿的眾生來生其國。「菩提心是菩薩淨土，菩薩成佛時，大乘眾生來生其國。」菩提心是大慈大悲的徹悟之心，菩薩成佛時，信仰大乘的眾生來生其國。「布施是菩薩淨土，菩薩成佛時，一切能捨眾生來生其國。」能捨才肯布施，不管是財施、法施、無畏施，能捨才能得，所謂「斷捨離」。隨卦第三爻：「係丈夫，失小子，隨有求得。」小捨而獲大得。布施是菩薩淨土，菩薩成佛時，一切能施捨的眾生來生其國。「持戒是菩薩淨土，菩薩成佛時，行十善道滿願眾生來生其國。」菩薩戒非常嚴格，《梵網經》中多有講述，比一般沙彌戒、比丘戒嚴格得多。弘一法師修律宗，嚴格持戒，走以前說：「華枝春滿，天心月圓。」充滿自信，確實也修成了。守持戒律是菩薩淨土，菩薩成佛時，一切發願修行十善道而臻圓滿的眾生來生其國。十善道是佛教的根本信條，針對身口意三業而修的善行。屬身業的是不殺生、不偷盜、不邪淫；屬口業的是不妄語、不兩舌、不惡口、不綺語；屬意業的是不貪、不瞋、不癡。「忍辱是菩薩淨土，菩薩成佛時，三十二相莊嚴眾生來生其國。」三十二相是古印度文化中對人美好形象的總結，例如手長過膝、身放光明、眉間白毫、頂生肉髻等。忍受屈辱是菩薩淨土，菩薩成佛時，一切修成三十二種美好形相的眾生來生其國。賁卦色相美好，又有人文化成之義，以文化美容長青不衰。

「精進是菩薩淨土，菩薩成佛時，勤修一切功德眾生來生其國。」勇猛精進是菩薩淨土，菩薩成佛時，勤修一切功德的眾生來生其國。「禪定是菩薩淨土，菩薩成佛時，攝心不亂眾生來生其國。」禪定是菩薩淨土，菩薩成佛時，一切能收攝心神不受惑亂的眾生來生其國。「智慧是菩薩淨土，菩薩成佛時，正定眾生來生其國。」智慧是菩薩淨土，菩薩成佛時，一切修得正定的眾生來生其國。「四無量心是菩薩淨土，菩薩成佛時，成就慈悲喜捨眾生來生其國。」四無量心是指慈悲喜捨之心皆無量，都是菩薩淨土，菩薩成佛時，一切修成四無量心的眾生來生其國。「四攝法是菩薩淨土，菩薩成佛時，解脫所攝眾生來生其國。」攝是收攝提攜後進，四攝法為一、布施攝：隨眾生願望而布施。二、愛語攝：隨眾生根性設喻慰撫。三、利行攝：發起善行以助益眾生。四、同事攝：隨眾生所樂而顯現化身使之受益。四攝法是菩薩淨土，菩薩成佛時，一切被調伏解脫的眾生來生其國。臨卦上爻：「敦臨，吉，无咎。」〈小象傳〉：「志在內也。」敦為仁厚長者之意，提攜後進不遺餘力，與此相近。

「方便是菩薩淨土，菩薩成佛時，於一切法方便無礙眾生來生其國。」方便無礙正是《維摩詰經》的特色，大本立定怎樣都能成佛。方便是菩薩淨土，菩薩成佛時，於一切法方便無礙的眾生來生其國。當然，方便不是任意隨便，得提防「方便出下流」，而是〈繫辭傳〉所稱：「不可為典要，唯變所適。」「三十七道品是菩薩淨土，菩薩成佛時，念處、正勤、神足、根、力、覺、道眾生來生其國。」三十七道品名相繁瑣，為三十七種修證涅槃的途徑，分別是：身、受、心、法四念處；四正勤：勤奮精進斷除已生之惡、遏止未生之惡、產生未生之善、增長已生之善；欲、精進、心、思惟四如意足；眼、耳、鼻、舌、身五根；使五根增長的五力；禪法、精進、喜、輕安、念、定、行捨七覺知；正建、正思惟、正語、正業、正命、正精進、正念、正定等八正道。三十七道品是菩薩淨土，菩薩成佛時，一切修以上道品的眾生來生其國。「迴向心是菩薩淨土，菩薩成佛時，得一切具足功德國土。」迴向有復卦的意涵，呈螺旋形運轉，反復其道，見天地之心。履卦主於復，誠敬實踐真理，到上爻功德圓滿，爻辭：「視履考祥，其旋元吉。」〈小象傳〉：「大有慶也。」旋就似迴向給眾生，皆大歡喜。益卦利益眾生，第五爻：「有孚惠心，勿問元吉，有孚惠我德。」互信、互望、互愛、互惠，也是迴向。迴向心是菩薩淨土，菩薩成佛時，得到一切具足功德圓滿的國土。

「說除八難是菩薩淨土，菩薩成佛時，國土無有三惡八難。」三惡即地獄、惡鬼、畜生三惡道。八難是指八種見佛聞法的障礙：地獄、惡鬼、畜生、長壽天、邊地、聾盲瘖啞、世智辯聰、佛前佛後。長壽天生活舒適，邊地福報好，無災無難，反而無緣接觸佛法。世智辯聰是一般世俗的小聰明，難悟深刻佛法。佛前佛後指二佛之間的末法時期，無佛指引開導。演說消除以上八難是菩薩淨土，菩薩成佛時，國土再無有這些惡難。「自守戒行不譏彼闕是菩薩淨土，菩薩成佛時，國土有無犯禁之名。」自己修持守戒，不任意譏謗別人的缺失是菩薩淨土，菩薩成佛時，國土沒有觸犯禁戒的惡名。《壇經》中六祖惠能的〈無相頌〉：「常自見己過，與道即相當……若真修道人，不見世間過。若見他人非，自非卻是左。他非我不非，我非自有過。」一天到晚看別人毛病，喜歡搬弄是非，就叫譏彼闕，自己卻不守戒行。《論語・憲問篇》：「子貢方人。子曰：『賜也賢乎哉？夫我則不暇。』」《大學》：「是故君子有諸己而後求諸人，無諸己而後非諸人。」「十善是菩薩淨土，菩薩成佛時，命不中夭、大富、梵行、所言誠諦、常以軟語、眷屬不離、善和諍訟、言必饒益、不嫉、不恚、正見眾生來生其國。」十善是菩薩淨土，菩薩成佛時，一切不年輕夭折、得大富貴、行為清淨、說話誠懇、言語溫和、眷屬親密不相分離、善於和解爭鬥訴訟、發言必對他人有益、不嫉妒、不惱怒的正見眾生來生其國。善和諍訟很重要，《老子》：「挫其銳，解其紛，和其光，同其塵。」世事以和為貴，訟爭造業深重。

「如是！寶積，菩薩隨其直心，則能發行；隨其發行，則得深心；隨其深心，則意調伏；隨其調伏，則如說行；隨如說行，則能迴向；隨其迴向，則有方便；隨其方便，則成就眾生；隨成就眾生，則佛土淨；隨佛土淨，則說法淨；隨說法淨，則智慧淨；隨智慧淨，則其心淨；隨其心淨，則一切功德淨。是故，寶積！若菩薩欲得淨土，當淨其心；隨其心淨，則佛土淨。」

就是這樣啊！寶積。菩薩由於他的質直之心，而能夠發願修行；由於他的發願修行，而得到深固之心；由於他的深固之心，調教眾生不起妄念除惡行善；由於調教有方，能夠依佛法修行；由於依佛法修行，則能迴向照顧眾生；由於迴向就能方便度人；由於方便度人，就可成就眾生；由於成就眾生，可使佛土清淨；由於佛土清淨，演說的佛法就清淨；由於演說佛法清淨，就使智慧明淨；由於智慧明淨，就使內心清淨；由於內心清淨，使一切功德清淨。所以寶積啊，如果菩薩要得到清淨佛土，首先要使內心清淨；只要內心清淨，就成就清淨佛土。層層推演得出千古結論，真是精彩！「隨其心淨，則佛土淨。」心要不淨，絕無淨土可言。懂得這個，何必一窩蜂的跑什麼道場呢？有次學生邀我去某個道場，聽印度的修行人說法。好多人花成千上萬去坐好位置，學生安排我免費坐第一排中央，直接面對講台。我聽聽就不想聽了，這麼簡單的道理需要大張旗鼓講那麼多嗎？還好手上有手機，就算講台上的講者修得怎麼樣？結果不怎麼樣！人就是盲從，沒幾個真念佛經，一講就說菩薩行比較重要。信眾不讀佛經，行嗎？然後又辯說六祖連字都不認識，照樣成佛。是啊，幾千年就他一個，你是六祖嗎？很多人其實就是生命發展有破洞，悶得找地方宣洩，錢多到沒有地方花，跑道場，看到什麼上師就跪，這個時代的毛病大了！

爾時，舍利弗承佛威神作是念：「若菩薩心淨則佛土淨者，我世尊本為菩薩時意豈不淨？而是佛土不淨若此！」佛知其念，即告之言：「於意云何？日月豈不淨耶？而盲者不見。」對曰：「不也，世尊。是盲者過，非日月咎。」「舍利弗！眾生罪，故不見如來佛國嚴淨，非如來咎。舍利弗！我此淨土，而汝不見。」

爾時，螺髻梵王語舍利弗：「勿作是念，謂此佛土以為不淨。所以者何？我見釋迦牟尼佛土清淨，譬如自在天宮。」舍利弗言：「我見此土，丘陵坑坎、荊棘沙礫、土石諸山，穢惡充滿。」螺髻梵王言：「仁者心有高下，不依佛慧，故見此土為不淨耳。舍利弗，菩薩於一切眾生悉皆平等，深心清淨，依佛智慧，則能見此佛土清淨。」

於是佛以足指按地，即時三千大千世界，若干百千珍寶嚴飾，譬如寶莊嚴佛無量功德寶莊嚴土。一切大眾歎未曾有，而皆自見坐寶蓮華。佛告舍利弗：「汝且觀是佛土嚴淨。」舍利弗言：「唯然！世尊。本所不見，本所不聞。今佛國土嚴淨悉現。」佛語舍利弗：「我佛國土常淨若此。為欲度斯下劣人，故示眾惡不淨土耳。譬如諸天共寶器食，隨其福德，飯色有異。如是！舍利弗。若人心淨，便見此土功德莊嚴。」

這時，舍利弗在佛祖威神籠罩下動念，想到：「若菩薩心淨就佛土淨，世尊當初為菩薩時，心意難道不清淨嗎？但我們看到的還是一個很不清淨的佛土啊？」他一動念，佛就知道了，馬上就開導他：「你覺得怎麼樣啊？太陽跟月亮那麼光明，怎麼會不清淨呢？可是瞎子卻看不見。」舍利弗回答說：「世尊！瞎子是看不見，這是他本身的過錯，不是日月的問題。」佛祖便說：「舍利弗啊，眾生因為罪障業深，所以看不見如來佛國的莊嚴清淨，這不是如來的過失。舍利弗！我這佛土是清淨的，只是你看不到罷了。」

這時，螺髻梵王對舍利弗說：「不要有這樣的想法，認為這佛土不清淨。為什麼呢？我看釋迦牟尼的佛土清淨，就像自在天宮一樣。」舍利弗說：「我只看到這地方高低不平，到處是丘陵坑坎，長滿荊棘毒刺，遍佈沙礫土石，充滿汙穢臭惡。」坎卦上爻：「繫用徽纆，寘于叢棘，三歲不得，凶。」渾身五花大綁，被丟在荊棘叢中，刺的渾身流血，三年不得解脫，真是無間地獄啊！螺髻梵王又說：「這是因為仁者你心裡有高下之分，不依佛的智慧去看世界，所以看到佛土不清淨。舍利弗，在菩薩眼中一切眾生平等，深心清淨，依憑佛的智慧，因此能看到佛土的莊嚴清淨。」〈繫辭上傳〉第五章：「一陰一陽之謂道……仁者見之謂之仁，知者見之謂之知，百姓日用而不知，故君子之道鮮矣！」。之謂即「就是」，謂之是「叫作」，見仁見智，自以為是。

於是佛祖展現神通，用腳趾按住地面，立刻顯現出三千大千世界，都以無數珍寶精美裝飾，如同寶莊嚴佛具備無量功德的寶莊嚴土一般。一切大眾都讚歎從未見過這樣的奇蹟，而且發現自己坐在蓮花座上。《易經》咸卦初爻：「咸其拇。」爻變為革卦，拇趾一動就產生了驚天動地的變化，感應力超強。於是佛祖問舍利弗：「你來看這佛土的莊嚴清淨。」舍利弗說：「是的，世尊。我本來看不見也聽不懂佛土的莊嚴清淨，現在完全顯現在眼前。」佛對舍利弗說：「我的佛國國土從來就是如此清淨，只是為了度化那些下劣眾生，才顯示出這樣的穢惡之土啊。就像眾天神用同一寶器進食，卻因其福緣功德不同，而顯現出飯色的差異。就是這樣啊！舍利弗。如果人心清淨，便會看到佛土的莊嚴功德。」

艮卦初爻：「艮其趾，无咎，利永貞。」〈小象傳〉：「未失正也。」艮卦講止欲修行，先立定腳跟，爻變為賁卦，裝飾美化，三千莊嚴佛土完全出現。賁卦〈彖傳〉：「文明以止，人文也。」

解卦第四爻：「解而拇，朋至斯孚。」咸其拇是感應神通，解而拇是解脫業障，恢復眾生本來自性。爻變為師卦，〈彖傳〉：「能以眾正，可以王矣！」一切眾生各有其正，只要開發出來，當下即得解脫。

當佛現此國土嚴淨之時，寶積所將五百長者子皆得無生法忍，八萬四千人皆發阿耨多羅三藐三菩提心。佛攝神足，於是世界還復如故。求聲聞乘者三萬二千天及人，知有為法皆悉無常，遠塵離垢，得法眼淨。八千比丘不受諸法，漏盡意解。

當佛祖展現出國土莊嚴清淨之時，寶積所帶來的五百長者子都證得無生法忍，不會退轉，八萬四千人皆發阿耨多羅三藐三菩提心，求證無上正等正覺。佛祖收回神足，世界又回復到原來的形象。求聲聞乘的三萬二千天神及人眾，由此認識到有為法皆是無常，遂遠離業障塵垢，而得清淨法眼的菩薩境界。八千比丘不受世間塵染，了盡煩惱，獲得解脫。漏就是煩惱，代表功夫還不到位。井卦象徵開發自性，卦辭：「无喪无得，往來井井。」正是《心經》所稱：「不生不滅，不垢不淨，不增不滅。」第二爻：「甕敝漏。」功夫不夠，井管破舊漏水，這是有漏法。第五爻：「井冽，寒泉食。」才是無漏法，自性開發成功。

佛祖一個法會就讓這麼多人都快速進步，真是高明。把穢土瞬間變成淨土，就像錯卦六爻全變，由荊棘險惡的坎卦變為離卦，〈大象傳〉稱：「明兩作，大人以繼明照于四方。」

方便品第二

爾時，毗耶離大城中有長者名維摩詰，已曾供養無量諸佛，深殖善本，得無生忍，辯才無礙，遊戲神通，逮諸總持，獲無所畏。降魔勞怨，入深法門，善於智度，通達方便，大願成就。明了眾生心之所趣，又能分別諸根利鈍。久於佛道，心已純淑，決定大乘。諸有所作，能善思量，住佛威儀。心如大海。諸佛咨嗟，弟子、釋、梵、世主所敬。

《維摩詰經》的特色就是懂得方便度眾，因人因時因地制宜，正如觀卦〈大象傳〉所稱：「風行地上，先王以省方觀民設教。」一方水土一方人，根器習性各異，維摩詰居士都能深入淺出弘法，而令眾生悟道。隨卦亦重方便，而非隨便，卦辭：「元亨利貞，无咎。」〈彖傳〉：「天下隨時，隨時之義大矣哉！」外卦為兌，親切說法；內卦為震，中心有主。

那時，毗耶離大城中有位長者，名叫維摩詰，已經供養過無數諸佛，種下了深厚的善根。「深殖善本」，貨殖、繁殖的殖，表示紮根深且發展快。晉卦卦辭：「康侯用錫馬蕃庶，晝日三接。」〈大象傳〉：「明出地上，君子以自昭明德。」心為馬，錫馬指天賜善性良心，亦即明德。蕃庶則能推廣繁衍，正是《大學》所稱：「在明明德，在親民。」自性開發後，也幫助別人開發。「得無生忍，辯才無礙。」他已經證得無生法忍，辯論起來無人能將他駁倒。「遊戲神通，逮諸總持，獲無所畏。」神通有六：天眼通、天耳通、神足通、他心通、宿命通、漏盡通。前五通是共法，邪魔外道都有，第六通是菩薩才具備的不共法。維摩詰具備六種神通，遊戲三界，往來自在。總持是持守所有戒律，隨心所欲而不逾矩，獲得了四種無畏。「降魔勞怨，入深法門，善於智度，通達方便，大願成就。」《論語．里仁篇》：「勞而不怨。」他降伏世間的塵勞煩惱，進入深奧的佛法之門，善於以智慧度人，通達各種方便法門，圓滿達成救度眾生的廣大誓願。「明了眾生心之所趣，又能分別諸根利鈍。」明白眾生心裡想什麼，清楚分辨其根器利鈍。「久於佛道，心已純淑，決定大乘。」長期修練佛法，心已精純圓善，堅定奉行大乘。「諸有所作，能善思量，住佛威儀。」所有言行皆經過縝密思考，符合佛的威儀。「心如大海。諸佛咨嗟，弟子、釋、梵、世主所敬。」內心廣大如海，為諸佛所讚嘆，受到佛弟子、帝釋天、梵天王以及世間帝王領袖的尊敬。

欲度人故，以善方便居毗耶離，資財無量，攝諸貧民；奉戒清淨，攝諸毀禁；以忍調行，攝諸恚怒；以大精進，攝諸懈怠；一心禪寂，攝諸亂意；以決定慧，攝諸無智。雖為白衣，奉持沙門，清淨律行；雖處居家，不著三界；示有妻子，常修梵行；現有

眷屬，常樂遠離。雖服寶飾，而以相好嚴身；雖復飲食，而以禪悅為味。若至博弈戲處，輒以度人。受諸異道，不毀正信。雖明世典，常樂佛法。

為了超度世人，維摩詰善用方便法門，住在毗耶離城中，擁有無量的財富，布施周濟眾多貧民。自己奉持戒律，言行清淨，且引導眾人不犯禁戒。以安忍和順的態度，使眾人不生怨怒的負面情緒。以精進修行，鼓舞懈怠的人。內心禪定寂靜，化導意亂心迷的眾生。以堅定的大智慧，教化那些沒有智慧的愚夫愚婦。其實前述就是大乘的六波羅蜜：布施、持戒、忍辱、精進、禪定、智慧。「雖為白衣，奉持沙門，清淨律行。」他沒做官，也不是僧侶，而是白衣居士，守戒律卻比出家人還嚴。雖過世俗家庭生活，不對欲界、色界、無色界的惑染起執著。雖然有妻有子，並不影響修梵行。雖有親戚眷屬，常享受到遠離塵世的快樂。雖然穿戴珍寶服飾，卻以美好的威儀莊嚴己身。雖然飲食，卻沉浸於禪定的悅樂。若到賭博下棋的遊戲場所，不忘方便說法以度眾人。「受諸異道，不毀正信。」雖然也曉得外道的學說，不會影響對佛法的中心信仰。「雖明世典，常樂佛法。」他專修而樂在其中的是佛法，以中國來講，儒家、道家，兵家、法家的學說都叫世典，古印度也有世俗的典籍，真正弘揚佛法對這些典籍也要看，不然怎麼跟當代人溝通？

一切見敬，為供養中最。執持正法，攝諸長幼。一切治生諧偶，雖獲俗利，不以喜

悅。游諸四衢，饒益眾生。入治政法，救護一切；入講論處，導以大乘；入諸學堂，誘開童蒙；入諸淫舍，示欲之過；入諸酒肆，能立其志。若在長者，在長者中尊，為說勝法；若在居士，居士中尊，斷其貪著；若在剎利，剎利中尊，教以忍辱；若在婆羅門，婆羅門中尊，除其我慢；若在大臣，大臣中尊，教以正法；若在王子，王子中尊，示以忠孝；若在內官，內官中尊，化正宮女；若在庶民，庶民中尊，令興福力；若在梵天，梵天中尊，誨以勝慧；若在帝釋，帝釋中尊，示現無常；若在護世，護世中尊，護諸眾生。

他被所有人由衷敬重，誠心地供養。不管老少都幫著主持公道，照顧眾生。他經營的一切事業都順利興隆，雖獲世俗利益，並不因此喜悅。「游諸四衢，饒益眾生。」衢是四通八達之地，人群川流不息，大畜卦上爻：「何天之衢，亨。」〈小象傳〉：「道大行也。」他到處遊歷，都是為了幫助眾生解決問題。「入治政法，救護一切。」有時候幫政界人物解決一些問題，跟官場有來往。「入講論處，導以大乘。」到論道講學的地方，引導人入大乘法門。「入諸學堂，誘開童蒙。」進入學校，誘導學童開悟。「入諸淫舍，示欲之過。」到妓女戶，曉諭縱慾的罪過。「入諸酒肆，能立其志。」進入酒館，勸那些酒徒正信立志。一般有潔癖的人，常常自我設限，清高孤介，難有社會各界的影響力。《大學》主張君子應「無所不用其極。」《中庸》則稱：「君子素位而行……素富貴，行乎富貴；素貧賤，行乎貧賤；素夷狄，行乎夷狄；素患難，行乎患難。君子無入而不自得焉。」以此類推，維摩詰居士做到了：「素賭場，行乎賭場；素淫舍，行乎淫舍。」遊戲人間，了無罣礙，普受印度眾民的愛戴。在長者中，受到長者們的尊重，為他們講說佛法。在居士中，受到居士們的尊重，幫助他們斷除貪念。在剎帝利之中，受到剎帝利的尊重，教導他們忍辱。在婆羅門中，受到婆羅門的尊重，消除他們傲慢自滿之心。《論語・泰伯篇》：「如有周公之才之美，使驕且吝，其餘不足觀也已。」印度的種性制度，依次是婆羅門、剎帝利、吠舍、首陀羅。婆羅門是祭司貴族，剎帝利是王室武士階層。在大臣之中，受大臣的尊重，教導他們治國的正法。在王子之中，受到王子們的尊重，開示他們忠孝的道理。在內官之中，受到內官的尊重，教化宮女貞正而不淫邪。在一般庶民中，受到庶民的尊重，教導他們行善積福。在梵天之中，受到梵天的尊重，教誨他們高深的智慧。在帝釋天之中，受到帝釋天的尊重，為他們演示無常的真諦。在護世天王之中，受到護世天王的尊重，以護佑一切眾生。

長者維摩詰，以如是等無量方便，饒益眾生。其以方便，現身有疾。以其疾故，國王、大臣、長者、居士、婆羅門等，及諸王子並餘官屬無數千人，皆往問疾。

其往者，維摩詰因以身疾，廣為說法：「諸仁者！是身無常無強，無力無堅。速朽之法，不可信也。為苦為惱，眾病所集。諸仁者，如此身，明智者所不怙。是身如聚沫，不可撮摩；是身如泡，不得久立；是身如焰，從渴愛生；是身如芭蕉，中無有堅；是身如幻，從顛倒起；是身如夢，為虛妄見；是身如影，從業緣現；是身如響，屬諸因緣；是身如浮雲，須臾變滅；是身如電，念念不住。

長者維摩詰以這樣無窮無盡的方便法門，使眾生得益。又以方便法門，向世人顯示生病。因為他患病，國王、大臣、長者、居士、婆羅門等，以及諸位王子，和其餘官員數千人，都前去探問病情。

面對這些前來探病的人眾，維摩詰以自己生病為由，向他們說法：「各位仁德長者，我們的肉身變化無常，不夠強健，沒有力量，不夠堅固，很快就會朽壞，完全不可信賴依靠。其實是我們痛苦煩惱的來源，多少疾病集聚的淵藪。各位仁德長者，這樣的身體，智慧明達者不會貪戀依靠。」下面就是《心經》中的比喻，色受想行識，五蘊皆空。「色如聚沫，受如水泡，想如陽焰，行如芭蕉，諸識如幻。」身體如同泡沫聚在一起，空無實質，無法觸摸拈取；如同漂浮的水泡，不能長存；如同在日光中會看到的一些幻景或煙塵，像海市蜃樓並不存在，因我們的慾望渴求而生。升卦第三爻：「升虛邑。」〈小象傳〉：「無所疑也。」即為此象。身體如芭蕉樹中空層累而成，並無堅實主體。身體如同魔術師製造的幻象，由真假顛倒而起。一定要識破五蘊皆空，才能夠度一切苦厄。身體如同夢境，只是虛無假象。身體如日照下的陰影，其實是造業的果報。身體如聲音的迴響，為各種因緣聚合所生。身體如同浮雲，瞬息變化消失。身體如同一閃一閃的電光，一轉念間都不留駐。「萬事浮雲過太虛」，堯舜事業也不過如此，一下就過去了，沒有多少人記得。《金剛經》最後的偈：「一切有為法，如夢幻泡影，如露亦如電，應作如是觀。」

是身無主，為如地；是身無我，為如火；是身無壽，為如風；是身無人，為如水。是身無實，四大為家；是身為空，離我我所；是身無知，如草木瓦礫；是身無作，風力所轉；是身不淨，穢惡充滿。是身為虛偽，雖假以澡浴衣食，必歸磨滅；是身為災，百一病惱；是身如邱井，為老所逼；是身無定，為要當死。是身如毒蛇、如怨賊、如空聚，陰界諸入所共合成。

這個身體沒有恆存的主宰，就像大地一樣；這個身體沒有自我實體，就像火焰一樣；這個身體活不長久，像飄風一下就過去了；這個身體並沒有真正的人格，就像流水易逝。這個身體並不真實，只是地水火風四大結合的暫居處所；這個身體是空虛無物的，既沒有主宰的「我」，也沒有我以外的客觀存在。這個身體並無真實的知覺，猶如草木瓦礫；這個身體並無自主的行為，猶如被風吹而轉動；這個身體不清淨，充滿汙穢醜惡。這個身體虛偽不實，即使沐浴穿衣飲食，必然歸於磨滅。這個身體為災病的會聚，因為四大各會引發一百零一種疾病，令人煩惱不堪；這個身體如同廢墟枯井，被衰老所催逼威脅。這個身體漂泊不定，最終必得死亡。這個身體像毒蛇，像結怨冤家，像荒野無人的村落，其實只是五陰、十八界以及十二入的組合而已。

五陰即「色受想行識」的五蘊，陰、蘊都是會聚的意思。色蘊指一切有形的物質世界，受蘊為心對外界的感受，想蘊為心對外界的反映及判別而產生觀念與理性活動，行蘊為心對外界的意志活動，識蘊為心對外界的根本認知判斷，統一前四蘊。眼耳鼻舌身意為六根，色聲香味觸法為六塵，以六根感知六塵即為六識，合稱十八界。六根為內六入，六塵為外六入，合稱十二入。

頤卦談養生，大過卦身體組織崩壞瀕臨死亡，二卦六爻全變相反相錯，生死愛欲盡在其中。頤卦中間四爻，或稱顛頤，或稱拂頤，皆違反養生正道。初爻：「舍爾靈龜，觀我朵頤，凶。」第四爻：「虎視眈眈，其欲逐逐。」爭逐食色，縱慾傷生。上爻：「由頤、厲吉，利涉大川。」最後才發現要順自然養生，悔之晚矣！〈雜卦傳〉：「大過，顛也……頤，養正也。」大過卦第三爻：「棟橈，凶。」第四爻拚命救治：「棟隆，吉，有它吝。」第二爻：「枯楊生稊，老夫得其女妻，无不利。」轉陰補陽期待回春。第五爻：「枯楊生華，老婦得其士夫，无咎无譽。」〈小象傳〉：「何可久也？」上爻：「過涉滅頂，凶。」還是不能免於老病死亡。維摩詰說：「身如邱井，為老所逼。」二〇一一年三月初，我最後一次去看毓老師，他老人家病體已很衰弱，我不敢多待。老師說：「唉！人這個老啊……真是……」想做的事心有餘而力不足，那時候聽了很是難受，兩週後春分節氣往生。

「諸仁者！此可患厭，當樂佛身。所以者何？佛身者，即法身也。從無量功德智慧生，從戒、定、慧、解脫、解脫知見生，從慈、悲、喜、捨生，從布施、持戒、忍辱、柔和、勤行精進、禪定解脫三昧、多聞智慧諸波羅蜜生，從方便生，從六通生，從三明生，從三十七道品生，從止觀生，從十力、四無所畏、十八不共法生，從斷一切不善法、集一切善法生，從真實生，從不放逸生，從如是無量情境法生如來身。諸仁者！欲得佛身，斷一切眾生病者，當發阿耨多羅三藐三菩提心。」

如是，長者維摩詰為諸問疾者如應說法，令無數千人皆發阿耨多羅三藐三菩提心。

諸位仁德長者，這樣的身體是禍患，合該厭棄，你們應當樂於去證佛身。為什麼呢？佛身才是究竟的法身啊！從無量的功德智慧中產生，從戒、定、慧、解脫和解脫知見中產生，從慈、悲、喜、捨四無量心中產生，從布施、持戒、忍辱柔和、勤行精進、禪定解脫三昧、多聞智慧諸波羅蜜等六度萬行中產生，從方便度人中生，從六通中生，從三明中生，從三十七道品中生，從止觀中生，從十力、四無所畏、十八不共法中產生，從斷一切不善法、修習一切善法中生，從真實中生，從不放逸中生。從這樣無量無邊清淨法門中生成如來身。諸位仁德長者，你們要修到佛身，斷除一切眾生的疾病，就應當發心求無上正等正覺。

就這樣，長者維摩詰應眾多探病者的需求，為他們說法，讓這幾千人都發追求無上正等正覺之心。

六通為六種神通：神境通、天眼通、天身通、他心通、宿命通、漏盡通。前五通合稱有漏通，煩惱未盡，漏盡通才滅盡煩惱。三明為宿命明、天眼明、漏盡明。

弟子品第三

爾時，長者維摩詰自念：「寢疾於床，世尊大慈，寧不垂愍？」佛知其意，即告舍利弗：「汝行詣維摩詰問疾。」舍利弗白佛言：「世尊，我不堪任詣彼問疾。所以者何？憶念我昔，曾於林中宴坐樹下。時維摩詰來謂我言：『唯！舍利弗，不必是坐為宴坐也。夫宴坐者，不於三界現身意，是為宴坐。不起滅定而現諸威儀，是為宴坐。不捨道法而現凡夫事，是為宴坐。心不住內亦不在外，是為宴坐；於諸見不動而修行三十七品，是為宴坐；不斷煩惱而入涅槃，是為宴坐。能如是坐者，佛所印可。』時我，世尊，聞說是語，默然而止，不能加報。故我不任詣彼問疾。」

維摩詰希望佛陀能去看他。佛就指派弟子代表問候，先後點了十個人都不敢去，因為以前全辯不過維摩詰，怕受教訓統統推辭。

那時，長者維摩詰自己念想：「我臥病在床，世尊大慈大悲，難道不關切憐憫嗎？」念頭一動，佛就了解他的意思。這就是佛祖的神通，多經皆稱：「所有眾生若干種心，如來悉知悉見。」佛馬上吩咐舍利弗：「你代表我去探病。」舍利弗跟佛祖報告：「世尊，我不能去維摩詰那裡探病，為什麼呢？想我過去曾在林中樹下靜坐，維摩詰來對我說：『喂！舍利弗，並非一定要這樣坐才是靜坐。所謂靜坐，是不在欲界、色界、無色界的三界中顯現身心意念，這才是靜坐。不從入定中轉出來而照樣顯現行、住、坐、臥各種威儀，才是靜坐。不偏離道法而又如同世俗般生活，才是靜坐。心不住於內也不受外界影響，才是靜坐。不離棄對外界的各種觀照，又能修行三十七道品，才是靜坐。不斷除煩惱又能進入涅槃境界，才是靜坐。若能做到這樣，才是佛所認可的真正的靜坐。』」真諦就是俗諦，煩惱就是涅槃，不需離開煩惱去證涅槃，此岸便是彼岸，心淨佛土就淨。涅槃是翻譯語，涅字在中文是黑色的意思。《論語・陽貨篇》：「不曰白乎？涅而不緇。」本質好，不會受外界影響，如蓮花出汙泥而不染。「世尊，當時我聽了這些話，默然停止靜坐，無法反駁。所以去維摩詰那兒探病，我肯定不能勝任。」這是舍利弗，號稱十大弟子中智慧第一，明確認輸。隨卦〈大象傳〉：「君子以嚮晦入宴息。」隨緣隨喜，隨遇而安。需卦〈大象傳〉：「君子以飲食宴樂。」《詩經・衛風・氓》：「言笑宴宴，信誓旦旦。」宴為和悅閒適之意，身心徹底放鬆，決不拘礙，這樣的靜坐才入禪境。

佛告大目犍連：「汝行詣維摩詰問疾。」目連白佛言：「世尊，我不堪任詣彼問疾。所以者何？憶念我昔，入毗耶離大城，於里巷中為諸居士說法。時維摩詰來謂我言：

『唯！大目連，為白衣居士說法，不當如仁者所說。夫說法者，當如法說。法無眾生，離眾生垢故；法無有我，離我垢故；法無壽命，離生死故；法無有人，前後際斷故。』」

大目犍連即目連僧，有入地獄救母的傳說，十大弟子中神通第一。佛繼續點將，吩咐大目犍連：「你代表我去探病。」目連跟佛祖報告：「世尊，我不能去維摩詰那裡探病，為什麼呢？想我過去進入毗耶離大城，在街巷中為眾多居士說法。當時維摩詰來對我說：『喂！大目連，要為白衣居士說法，不應當像你這樣說，說法應當按照佛法的本質來說。』」往下就是《金剛經》一開始講的空四相：無我相、我人相、無眾生相、無壽者相。「法無眾生，離眾生垢故；法無有我，離我垢故；法無壽命，離生死故；法無有人，前後際斷故。」真正的大法沒有眾生相，也不需要超度，因為眾生本來是佛，自性不垢不淨，脫離了眾生的情緣塵垢。大法沒有我相，自性本來沒有小我的汙染執著。大法沒有壽命相，自性本來沒有生死。大法沒有人相，自性裡沒有過去、現在、未來，超脫時間永恆存在。前後際就是過去、未來，在佛教的講法認為是隔斷的，就是所謂的「三心不可得」。《金剛經》：「過去心不可得，現在心不可得，未來心不可得。」《易經》排序十六、十七、十八的三個卦，豫卦是對未來，隨卦是掌握當下，蠱卦是尊重過去。隨著時間流逝，未來的變成現在，現在的很快又變成過去。了悟這些，接下來的臨卦跟觀卦，便能真正面對一些東西，看透一些東西，時空其實都是幻象啊！

離垢的離，不是離開，而是離念、離相，當下超脫。〈雜卦傳〉：「渙，離也。」意義最深，指化散內心中的執著。渙卦第三爻：「渙其躬，无悔。」即無我相。第四爻：「渙其群，元吉。」即無人相。「渙有丘，匪夷所思。」丘是眾，即無眾生相。第五爻：「渙王居，无咎。」即無壽者相。

「『法常寂然，滅諸相故；法離於相，無所緣故；法無名字，言語斷故；法無有說，離覺觀故；法無形相，如虛空故；法無戲論，畢竟空故；法無我所，離我所故；法無分別，離諸識故；法無有比，無相待故；法不屬因，不在緣故；法同法性，入諸法故；法隨於如，無所隨故；法住實際，諸邊不動故；法無動搖，不依六塵故；法無去來，常不住故。』」

法恆常寂靜，因為它斷滅了各種形相。三法印中稱「涅槃寂靜」，淨土宗嚮往「常寂光淨土」。〈繫辭傳〉稱：「易，无思也，无為也，寂然不動，感而遂通天下之故。」法超脫各種形相，凡所有相皆是虛妄，無所攀緣。「法無名字，言語斷故；法無有說，離覺觀故。」《老子》開宗明義：「道可道，非常道；名可名，非常名。」儒釋道皆然，大道只能用體證，言語道斷，心行路絕，不可思議，不可言詮。「法無形相，如虛空故；法無戲論，畢竟空故。」法沒有固定形相，本質虛空。法否定虛妄不實的言論，最終歸結於空。「法無我所，離我所故；法無分別，離諸識故。」法否定外在境遇的存在，因為徹底超脫。法不起虛妄分別，超離了人的分別見識。「法無有比，無相待故。」法否定相對的比較，超越相對而為絕對。《莊子．逍遙遊》講真正的自由，就是無相待。〈齊物論〉接著講真正的平等，所以大鵬鳥不要驕傲，牠跟小麻雀沒有什麼差別。沒有大風還飛不起來，這就是有所待。無所待就是絕對，有所待是相對。需卦有所待，必須條件具足，才能夠涉大川。需卦六爻全變成晉卦，〈大象傳〉：「君子以自昭明德。」自性開發出來就無所待了。「法不屬因，不在緣故。」究竟法不是因緣法，《心經》：「無無明，亦無無明盡；無老死，亦無老死盡。」既不屬因，亦不在緣。「法同法性，入諸法故。」法的本質就是法性，深入滲透到一切世間諸法的究竟。「法隨於如，無所隨故。」法依隨真如，不隨其他任何事物。「法住實際，諸邊不動故。」法居於世界的真實本質中，不受有、無的偏見所動搖。邊見即偏見，不合中道。益卦上爻：「莫益之，或擊之，立心勿恒，凶。」〈小象傳〉稱：「偏辭也。」偏即不正，偏即不全。「法無動搖，不依六塵故。」法堅實不動搖，不依附色聲香味觸法的六塵。「法無去來，常不住故。」法無所謂去來，永遠變動不居，《金剛經》稱：「應無所住而生其心。」

> 「『法順空，隨無相，應無作。法離好醜，法無增損，法無生滅，法無所歸，法過眼耳鼻舌身心，法無高下，法常住不動，法離一切觀行。唯！大目連，法相如是，豈可說乎？夫說法者，無說無示；其聽法者，無聞無得，譬如幻士為幻人說法，當建是

意而為說法。當了眾生根有利鈍，善於知見，無所罣礙，以大悲心讚於大乘，念報佛恩，不斷三寶，然後說法。』維摩詰說是法時，八百居士發阿耨多羅三藐三菩提心。我無此辯，是故不任詣彼問疾。」

「法順空，隨無相，應無作。」法依順空性，超離分別相，無因緣造作。「法離好醜，法無增損，法無生滅，法無所歸，法過眼耳鼻舌身心，法無高下，法常住不動，法離一切觀行。」法超越外形美醜，不增不減，不生不滅，沒有歸向去處，超越眼耳鼻舌身心六根的感知，沒有高低之分，常住不可動搖，超越一切偏頗的觀察。《金剛經》：「是法平等，無有高下，是名阿耨多羅三藐三菩提。」大目連啊！法的本質如此，怎麼能說乎？你那個說法行嗎？說法者應當既不演說也不開示，聽法的人甚麼也沒聽懂毫無所得，就像魔術師給他變出來的假人說法一樣。

《心經》：「無智亦無得，以無所得故。」你存這個意念而為說法，才是真說法。應當明白眾生根器各有利鈍，深刻領會法理沒有任何疑難，以大悲心頌讚大乘佛法，想念回報佛恩，繼承弘揚佛法僧三寶，然後再來說法。維摩詰演說佛法時，八百居士發心求取無上正等正覺。目連說：「我沒有他這種辯才，所以去維摩詰那兒探病，我肯定不能勝任。」

佛告大迦葉：「汝行詣維摩詰問疾。」迦葉白佛言：「世尊。我不堪任詣彼問疾。所以者何？憶念我昔，於貧里而行乞。時維摩詰來謂我言：『唯！大迦葉，有慈悲心而不能普，舍豪富而從貧乞。迦葉，住平等法，應次行乞食；為不食故，應行乞食；為壞和合相故，應取摶食；為不受故，應受彼食；以空聚想，入於聚落。所見色與盲等，所聞聲與響等，所嗅香與風等，所食味不分別。受諸觸如智證。知諸法如幻相，無自性，無他性，本自不然，今則無滅。迦葉，若能不捨八邪入八解脫，以邪相入正法。以一食施一切，供養諸佛及眾賢聖，然後可食。如是食者，非有煩惱，非離煩惱；非入定意，非起定意；非住世間，非住涅槃。其有施者，無大福無小福，不為益不為損。是為正入佛道，不依聲聞。迦葉，若如是食，為不空食人之施也。』時我，世尊，聞說是語，得未曾有，即於一切菩薩深起敬心。復作是念：『斯有家名，辯才智慧乃能如是，其誰不發阿耨多羅三藐三菩提心？』我從是來，不復勸人以聲聞辟支佛行。是故不任詣彼問疾。」

大迦葉是苦行頭陀，禪宗的祖師爺，以拈花微笑悟道聞名於世。據說受佛陀命留形住世，到現在都還活著，於末法無佛時期護持眾生，另外三位是羅睺羅、賓頭盧、屠波漢。

佛吩咐大迦葉：「你代表我去探病。」迦葉跟佛祖報告：「世尊，我不能去維摩詰那裏探病，為什麼呢？想我過去到貧民窟化緣，維摩詰來對我說：『喂，大迦葉，你有慈悲心卻不能普遍施予所有人，不向豪富而只從貧窮之人乞食，這太矯情。迦葉，你應當依照眾生平等的法則，按照路過的順序乞食，到哪裡是富是貧都沒有關係，都讓施主有功德。出家眾專心修證涅槃，無暇謀生而乞食。』」理論上化緣不能只吃素，給什麼就吃什麼。怎麼還挑？謀道不謀食，我已經連著三十年以上，每年初都算自己當年謀道如何？謀食如何？後來越看謀食的卦很像謀道，謀道的卦大概就從謀食來。教書嘛，謀道、謀食一元化了。

「為壞和合相故，應取摶食。」和合相是因果眾緣聚集而生，我們為了勤修究竟破除幻相，在過程中仍須揑飯糰取食。「為不受故，應受彼食。」為了不受別人的布施，就應接受他們的供食。「以空聚想，入於聚落。」應該視村落為一無所有，坦然進入其間取食。「所見色與盲等，所聞聲與響等，所嗅香與風等，所食味不分別，受諸觸如智證。知諸法如幻相，無自性，無他性，本自不然，今則無滅。」看見各種色相如同盲人沒看見一樣，聽到各種聲音如同山谷迴音一般虛幻不實，聞到各種香味如同流風吹過，品嘗各種味道沒有分別，碰觸各種事物不為所動，用智慧去體證一切。知道萬法如夢如幻，都無自性亦無他性，既然本來就不存在，也無所謂消失滅亡。

「迦葉，若能不捨八邪入八解脫，以邪相入正法。」八邪為八正道的相反：邪見、邪思惟、邪語、邪業、邪命、邪精進、邪念、邪定。八解脫指八種捨棄執著偏見而獲解脫的禪定。迦葉若能不捨棄八邪而獲八解脫，由邪僻相悟入正法，豈非更高？明夷卦第三爻：「明夷于南狩，得其大首。」〈小象傳〉：「南狩之志，乃大得也。」爻變成復卦，黑暗的明夷之心轉為光明的天地之心，改邪歸正，放下屠刀立地成佛。「以一食施一切，供養諸佛及眾賢聖，然後可食。如是食者，非有煩惱，非離煩惱；非入定意，非起定意；非住世間，非住涅槃。」用同一糰飯食，轉施予一切眾生，供養諸佛及眾位賢聖，然後才自己食用。如果能夠這樣，既不是有煩惱，也不是離煩惱；既不是入定，也不是出定；不留住世間，也不入涅槃。修為夠了，世間就是涅槃。「其有施者，無大福無小福，不為益不為損。」以平等心接受施捨，那些施主既不獲大福也不獲小福，既不得益也不受損。「是為正入佛道，不依聲聞。迦葉，若如是食，為不空食人之施也。」這就進入了佛法的正道，而不是聲聞小乘了！迦葉，你如果能這樣乞食，就不辜負人家的施捨了。迦葉跟佛報告：「世尊，那時我聽維摩詰這麼說，真是從來沒聽過這麼高明的道理，立即對一切菩薩起了深深敬仰之心。我又想：『他雖然是在家居士，卻有如此雄辯與智慧，誰聽了不會發起求證無上正等正覺之心呢？』從那次受教以後，我不再勸人修行聲聞、辟支佛這小乘法門。去維摩詰那裡探病的事，我不能勝任。」

佛告須菩提：「汝行詣維摩詰問疾。」須菩提白佛言：「世尊，我不堪任詣彼問疾。所以者何？憶念我昔，入其舍從乞食。時維摩詰取我鉢盛滿飯，謂我言：『唯！須菩提，若能於食等者，諸法亦等；諸法等者，於食亦等。如是行乞，乃可取食。若須菩提，不斷淫怒癡，亦不與俱；不壞於身，而隨一相；不滅癡愛，起於明脫；以五逆相而得解脫，亦不解不縛；不見四諦，非不見諦；非得果，非不得果；非凡夫，非離凡夫法；非聖人，非不聖人；雖成就一切法，而離諸法相，乃可取食。若須菩提，不見佛，不聞法，彼外道六師——富蘭那迦葉、末迦梨拘賒梨子、刪闍夜毗羅胝子、阿耆多翅舍欽婆羅、迦羅鳩馱迦旃延、尼犍陀若提子等，是汝之師，因其出家，彼師所墮汝亦隨墮，乃可取食。若須菩提，入諸邪見，不到彼岸；住於八難，不得無難；同於煩惱，離清淨法，汝得無諍三昧，一切眾生亦得是定；其施汝者不名福田，供養汝者墮三惡道；為與眾魔共一手，作諸勞侶，汝與眾魔及諸塵勞等無有異；於一切眾生而有怨心；謗諸佛，毀於法，不入眾數；終不得滅度，汝若如是，乃可取食。』

須菩提是解空第一。佛吩咐須菩提：「你代表我去探病。」須菩提跟佛祖報告：「世尊，我不能去維摩詰那裡探病，為什麼呢？想我過去到維摩詰家乞食，他接過我的缽盛滿飯，對我說：『唯！須菩提，若能於食等者，諸法亦等；諸法等者，於食亦等。如是行乞，乃可取食。』」啊，須菩提。若在飲食方面平等對待，對諸法也會平等對待；對諸法平等對待，飲食方面也會平等對待。這樣出來化緣，才有資格取食。「若須菩提，不斷淫怒癡，亦不與俱；不壞於身，而隨一相；不滅癡愛，起於明脫。」一般是講貪嗔癡三毒，這邊叫淫怒癡，其實一樣。貪就是太過分，就是淫；嗔就是怒。須菩提，你不要斷絕貪嗔癡，也不要受其所制。不毀壞肉身，又能追隨萬法唯一的究竟相。不滅除癡愛，照樣明智解脫。「以五逆相而得解脫，亦不解不縛。」犯五逆大罪的也可以解脫，既不是解脫，也不受纏縛。五逆指殺父、殺母、殺阿羅漢、刺佛身出血、破壞僧團的和合。這是最重的罪，要墮無間地獄。如果還能解脫，中國人恐怕很難接受。「不見四諦，非不見諦；非得果，非不得果；非凡夫，非離凡夫法；非聖人，非不聖人；雖成就一切法，而離諸法相，乃可取食。」不追求苦集滅道四聖諦，也不是茫無體悟；並非已得正果，也不是得不到正果；不是凡夫，也沒有脫離凡夫的形體；不是聖人，也不是沒達到聖人的境界；雖然洞察一切諸法，又不著諸法形跡，這些都做到了才可以取食。下面講的更激烈，就是要下重手刺激他，讓他聞所未聞，徹底反省。若須菩提不見佛，不聞法，以外道六師為師，跟隨他們出家，一同墮入惡道，就可以吃這個飯。外道六師為富蘭那迦葉、末伽梨拘賒梨子、刪闍夜毗羅胝子、阿耆多翅舍欽婆羅、伽羅鳩馱伽旃延、尼犍陀若提子，皆為心外求法的導師。

「若須菩提，入諸邪見，不到彼岸；住於八難，不得無難；同於煩惱，離清淨法，汝得無諍三昧，一切眾生亦得是定；其施汝者不名福田，供養汝者墮三惡道。」須菩提如果你能墮入各種邪見中，不渡彼岸，住於八難中而不能無難，與煩惱伴隨而脫離了清淨法門，你得到無所爭執的禪定，一切眾生也得到這樣的禪定，那些對你施捨供養的人他不能得到福田，反而可能墮入三惡道中。「為與眾魔共一手，作諸勞侶，汝與眾魔及諸塵勞等無有異。」這是因為施捨者有功利心，你也自以為了不起要人供養，其實已與惡魔聯手，與各種塵世煩惱相伴隨，你和心魔煩惱沒有分別。「於一切眾生而有怨心；謗諸佛，毀於法，不入眾數；終不得滅度，汝若如是，乃可取食。」對一切眾生有了懷恨怨害之心，詆謗諸佛，毀壞佛法，不能立身於修行僧侶，最終無法進入涅槃境界，你如果能做到這樣，就可以食用這些飯。

「時我，世尊，聞此茫然不識是何言，不知以何答，便置缽欲出其舍。維摩詰言：

『唯！須菩提，取鉢勿懼。於意云何？如來所作化人，若以是事詰，寧有懼否？』我言：『不也。』維摩詰言：『一切諸法，如幻化相。汝今不應有所懼也。所以者何？一切言說不離是相，至於智者，不著文字，故無所懼。何以故，文字性離。無有文字，是則解脫。解脫相者，則諸法也。』維摩詰說是法時，二百天子得法眼淨。故我不任詣彼問疾。」

「世尊，當時我聞聽到此這樣的話語，完全不能理解，不知如何回答，便放下鉢準備離開。維摩詰又說：『呵，須菩提，拿起飯鉢不必驚懼。你覺得怎樣呢？如果是如來的化身以這樣的話問你，你會害怕嗎？』我說：『不會。』維摩詰說：『一切法如幻如化，你現在不用怕。為什麼呢？一切言說都不離幻相，有大智慧的人不會執著於文字，無所畏懼。為什麼呢？文字語言有其限制，難以說明事物的本質。不依憑文字直悟本性，才是真正的解脫。所謂解脫，就是去除語言文字障啊！』當維摩詰這樣說時，有二百天子受用而得到法眼淨的菩薩境界。因此，去維摩詰那裡探病的事，我不能勝任。」

《老子》：「塞其兌，閉其門，挫其銳，解其紛，和其光，同其塵。」又稱：「受國之垢，是謂社稷主，受國不祥，是為天下王。」《心經》講：「不垢不淨。」不要將垢、淨分得那麼清楚，謗佛為什麼不可以？為什麼佛講的你就不想，完全不懷疑的就相信？搞不好是佛在試驗你呢？《莊子．逍遙遊》：「大而無當，往而不返，吾驚怖其言，猶河漢而無極也。」好像看到天上的銀河，完全不懂是什麼境界，原先的自以為是受到強烈衝擊。維摩詰開導須菩提，就像這樣。《孟子．萬章篇》中，提到伯夷、叔齊是「聖之清者」，太拘礙能做的事就有限。柳下惠是「聖之和者」，跟甚麼人都能打成一片。伊尹是「聖之任者」，企圖心強，任何環境都要出來任事，還要改造環境。孔子是「聖之時者」，出處進退因時制宜，正合隨卦主旨，〈彖傳〉稱：「天下隨時，隨時之義大矣哉！」

佛告富樓那彌多羅尼子：「汝行詣維摩詰問疾。」富樓那白佛言：「世尊，我不堪任詣彼問疾。所以者何？憶念我昔，於大林中，在一樹下，為諸新學比丘說法。時維摩詰來謂我言：『唯！富樓那，先當入定觀此人心，然後說法，無以穢食置於寶器。當知是比丘心之所念，無以琉璃同彼水精。汝不能知眾生根源，無得發起以小乘法。彼自無瘡，勿傷之也；欲行大道，莫示小徑；無以大海，內於牛跡；無以日光，等彼螢火。富樓那，此比丘久發大乘心，中忘此意，如何以小乘法而教導之？我觀小乘，智慧微淺，猶如盲人，不能分別一切眾生根之利鈍。』時維摩詰即入三昧，令此比丘自識宿命，曾於五百佛所殖眾德本，迴向阿耨多羅三藐三菩提，即時豁然，還得本心。於是諸比丘稽首禮維摩詰足。時維摩詰因為說法，於阿耨多羅三藐三菩提不復退轉。我念聲聞不觀人根，不應說法。是故不任詣彼問疾。」

富樓那彌多羅尼子為說法第一。佛吩咐他：「你代表我去探病。」富樓那跟佛祖報告：「世尊，我不能去維摩詰那裡探病，為什麼呢？想我過去曾在大森林中一棵樹下，為眾多新學佛法的比丘說法。當時維摩詰來對我說：『喂！富樓那，先當入定觀此人心，然後說法，無以穢食置於寶器。』」你應當先入定，觀察他們的心意，再開始說法，千萬不要把汙穢的食物放到了珍貴的寶器中。「當知是比丘心之所念，無以琉璃同彼水精。」你要知道他們心中所想，不要把無價的琉璃混同低賤的水精。你如果不了解他們的根器來歷，就不要用小乘法門去引導，以免暴殄天物。鼎卦就是寶器，初爻：「鼎顛趾，利出否。」〈小象傳〉：「以從貴也。」先要把鼎中的穢物倒掉，再裝入新的食材以烹飪，才有革故鼎新的效用。他們可能是大乘的根器，沒有長毒瘡，不要去挑刺反而傷了身體。他們想修大道，不要指引走小徑。不要想將大海容納到牛的蹄印上，不要將明亮的日光等同於微弱的螢火。富樓那，這些比丘早已發願修行大乘法，中間忘了初衷，怎能以小乘法門去教導他們？在我看來，小乘法門的智慧微小淺陋，就像盲人一樣，不能分別一切眾生的根性利鈍。窺基法師《說無垢稱經疏》：「大乘意樂，如琉璃寶；小乘意樂，如水精珠。」佛教有輪迴轉世後忘記前生經歷的說法，稱為隔陰之迷，八地菩薩以下皆不能免，以上的佛菩薩則是乘願再來為度眾生。

「維摩詰隨即進入三昧禪定，使這些比丘憶念起過去生的宿命，在五百佛時所修的功德，迴向對無上正等正覺的追求，他們豁然開悟，重新獲得本心。於是眾比丘對維摩詰稽首行禮，以頭面觸碰其腳背。維摩詰趁勢對他們說法，於無上正等正覺不再退轉。我想聲聞乘不能分辨眾生根性的利鈍，不瞭解他的因緣，不應再妄自說法。因此，去維摩詰那裡探病的事，我不能勝任。」

佛告摩訶迦旃延：「汝行詣維摩詰問疾。」迦旃延白佛言：「世尊。我不堪任詣彼問疾。所以者何？憶念昔者，佛為諸比丘略說法要，我即於後敷演其義，謂無常義、苦義、空義、無我義、寂滅義。時維摩詰來謂我言：『唯！迦旃延，無以生滅心行說實相法。迦旃延，諸法畢竟不生不滅，是無常義；五受陰洞達空無所起，是苦義；諸法究竟無所有，是空義；於我無我而不二，是無我義；法本不然，今則不滅，是寂滅義。』說是法時，彼諸比丘心得解脫。故我不堪任詣彼問疾。」

摩訶迦旃延，稱為解義第一。佛吩咐他：「你代表我去探病。」迦旃延跟佛祖報告：「世尊，我不能去維摩詰那裡探病，為什麼呢？想當初佛祖為眾比丘簡略說明佛法精要，我隨後詳細敷演其中的涵義，說明諸行無常、人生皆苦、萬化歸空、諸法無我、涅槃寂靜的意義。那時維摩詰來對我說：『喂，迦旃延，不要懷著一般有生有滅的心意來講說實相法。迦旃延，世間一切的究竟是不生不滅的，這是無常的涵義；深刻體悟五陰本質為空，無所生起，這是苦的涵義；諸法究竟無所有，這是空的涵義；了解我與無我本無區別，這是無我的涵義；本來諸法就是不存在的，也不會結束消亡，這是寂滅的涵義。』維摩詰說法時，那些比丘內心得到真正的解脫。因此，去維摩詰那裡探病的事，我不能勝任。」

心行指心意流轉不息，最高的真理大道是「語言道斷，心行路絕」，表示一般的語言跟思惟無法體證究竟。五受陰即五陰或五蘊，洞察後方悟色受想行識一切皆空。寂滅並不可怕，四聖諦的苦集滅道，滅即除苦，我曾占過滅諦為何意？得出不變的乾卦，是自然天道的呈現。我同時占過佛教諸多咒的效力，也是乾卦，以天道消災解厄。

諸法究竟無所有，這是真空，才生出妙有，假空是不成的。為了方便，說法來導引初學，執著定法太甚，便成罣礙。〈繫辭傳〉：「為道也屢遷，變動不居，周流六虛，上下無常，剛柔相易，不可為典要，唯變所適。」

熊十力的書裡常講「剎剎生新」，其實剎那生新時，同時也剎那捨故。《論語‧子罕篇》記子在川上曰：「逝者如斯夫，不舍晝夜。」過去心不可得，現在心不可得，未來心不可得，留戀過去沒有用，空想未來浪費時間，還是要掌握當下。儒家看重生新的一面，一元復始，萬象更新。復卦之前為剝卦，相綜一體，剝蝕一切，佛教強調捨故的一面。

佛告阿那律：「汝行詣維摩詰問疾。」阿那律白佛言：「世尊，我不堪任詣彼問疾。所以者何，憶念我昔，於一處經行。時有梵王名曰嚴淨，與萬梵俱，放淨光明，來詣我所，稽首作禮，問我言：『幾何阿那律天眼所見？』我即答言：『仁者，吾見此釋迦牟尼佛土三千大千世界，如觀掌中菴摩勒果。』時維摩詰來謂我言：『唯！阿那律，天眼所見，為作相耶？無作相耶？假使作相，則與外道五通等；若無作相，不應有見。』世尊，我時默然。彼諸梵聞其言，得未曾有，即為作禮而問曰：『世孰有真天眼者？』維摩詰言：『有佛世尊，得真天眼，常在三昧，悉見諸佛國，不以二相。』於是嚴淨梵王及其眷屬五百梵天，皆發阿耨多羅三藐三菩提心，禮維摩詰足已，忽然不現。故我不任詣彼問疾。」

阿那律是天眼第一。佛吩咐他：「你代表我去探病。」阿那律跟佛祖報告：「世尊，我不能去維摩詰那裡探病，為什麼呢？想當初我在某地經行，當時有位梵王名叫嚴淨，他與千萬位梵天一同放射出清淨明澈的光芒，來到我的居所，對我稽首作禮，向我問道：『阿那律，你的天眼能看到多大的範圍呢？』我就答說：『諸位仁德長者，我遍觀釋迦牟尼佛土的三千大千世界，就像看我手掌裡托著的菴摩勒果一樣。』」

經行是在某處繞行走動的修行方式，以免靜坐太久血脈不通，飯後幫助消化，於養生有益。這些年都市人流行的日行萬步，其實很類似。艮卦安靜，止欲修行；震卦行動，積極任事。二卦一體相綜，靜中涵動，動中涵靜，靜極轉動，動極轉靜。〈說卦傳〉以身體取象，艮為手，震為足。佛教靜坐修行，指掌屈伸開合都有講究；震為眾生自性主宰，需善加體會開發。我二十多年前遇到一位號稱「東北先生」的毛老師，他鼓吹一套走路修行的法門，後來在美國德州開設「如是禪院」，彼此曾有易理與佛法間的對談交流。現代人案前工作太久，有時遭遇瓶頸，最好暫時放下出去走走，反而觸發靈感使難題迎刃而解。「恰恰無心用，恰恰用心時。」蹇、解二卦相綜，寸步難行可能糾結太緊，身心徹底放鬆才能豁然開朗。隨卦〈大象傳〉：「君子以嚮晦入宴息。」安頓身心，適度休息很重要。

萬梵天王放淨光明，修行有成，合乎易象易理。乾卦〈彖傳〉：「大明終始，六位時成。」坤卦〈彖傳〉：「含弘光大，品物咸亨。」明是發光之體，光是明智之用，乾坤結合遂現光明。艮卦〈彖傳〉：「時止則止，時行則行，動靜不失其行，其道光明。」謙卦〈彖傳〉：「天道下濟而光明。」外卦為坤，內卦為艮。大畜卦〈彖傳〉：「剛健篤實輝光，日新其德。」外卦為艮，內卦為乾。

「這時維摩詰來對我說：『啊，阿那律，你這天眼看到的一切，是造作而成的幻相呢，還是沒有造作就有的相呢？假使是造作而成的幻相，那與外道的五通一樣罷了，沒有什麼了不起。如果是沒有造作就有的相，那就是真正無為的境界，就不應該看見遠近精粗的種種世相啊。』世尊，我當時默然不能應答。萬梵天王在旁邊聽到，他們從來沒有聽過這麼究竟的道理，當即行禮問道：『世界上到底誰才有真正的天眼呢？』維摩詰答道：『只有佛祖才是真正得到了天眼神通，永遠處在三昧禪定之中，洞見佛國的一切，絕沒有分別虛妄的相。』於是嚴淨梵王與他所率領的五百梵天，都發無上正等正覺之心，對維摩詰行過頭面觸足的最敬禮後，忽然消逝不見。所以去維摩詰那裡探病，我不能勝任。」

佛告優波離：「汝行詣維摩詰問疾。」優波離白佛言：「世尊，我不堪任詣彼問疾。

所以者何？憶念昔者，有二比丘犯律行，以為恥，不敢問佛，來問我言：『唯！優波離，我等犯律誠以為恥，不敢問佛，願解疑悔，得免斯咎。』我即為其如法解說。」

優波離是持律第一。佛吩咐他：「你代表我去探病。」優波離跟佛祖報告：「世尊，我不能去維摩詰那裡探病，為什麼呢？想當初有二比丘觸犯戒律，覺得很羞恥，不敢問佛，便來問我說：『喂！優波離，我們觸犯了戒律，深以為恥，不敢問佛。希望你為我們解釋疑難，消解悔恨，讓我們得以免除這罪咎。』我就依照戒律，為他們解說犯錯輕重和悔過的方法。」

出家人犯戒不足為奇，大唐高陽公主是李世民的女兒，與玄奘大師的愛徒辯機和尚私通，結果東窗事發，辯機遭腰斬，公主其後更放縱，也不原諒父親，最後在高宗時以謀反罪名被賜死。這一段風韻醜聞記載於《新唐書》，《舊唐書》則無，無論如何，發人深省。當世第一高僧的首徒，參與《大唐西域記》的編撰成書，學養文才俱佳，最後會破色戒，為什麼？玄奘知曉後也無法救援，學佛持戒修行有用嗎？這一段孽緣，《易經》中的卦爻有解嗎？

持戒不容易，佛教有律宗，嚴格修持。弘一法師半途出家，就修最嚴格的律宗。宋明理學受禪宗影響，也有點律宗的味道，持身甚嚴，每天以黑白豆或功過格檢驗自己的起心動念，是否真的有效呢？佛教有密宗，儒家也有密宗。孔子作《春秋》，口說秘傳微言大義的公羊學派就是。密宗要拜上師，公羊學一定得有師說、師承，很難無師自通。

「時維摩詰來謂我言：『唯！優波離，無重增此二比丘罪。當直除滅，勿擾其心。所以者何？彼罪性不在內，不在外，不在中間。如佛所說：「心垢故眾生垢，心淨故眾生淨，」心亦不在內，不在外，不在中間。如其心然，罪垢亦然，諸法亦然，不出於如。如優波離，以心相得解脫時，寧有垢不？』我言：『不也。』維摩詰言：『一切眾生心相無垢，亦復如是。唯！優波離，妄想是垢，無妄想是淨；顛倒是垢，無顛倒是淨；取我是垢，不取我是淨。優波離，一切法生滅不住，如幻如電；諸法不相待，乃至一念不住；諸法皆妄見，如夢如焰，如水中月，如鏡中像，以妄想生。其知此者，是名奉律；其知此者，是名善解。』」

「那時維摩詰來對我說：『喂！優波離，不要加深這二位比丘的罪過，應當直接除滅他們心中的疑慮悔恨，不要就此定罪而擾亂了他們的清淨心。為什麼這麼說呢？他們的罪性既不在身內，也不在身外，更不在內外之間。正如佛祖所說：「因為人心中有汙穢，眾生才有汙穢。人心中清淨，眾生也就清淨。」心無定在，既不在身內，也不在身外，更不在中間。因為心是如此，所以罪也是如此，世間一切莫不如此，都不離開宇宙的本質。正如優波離，你以清淨心得解脫時，心中還會有罪垢嗎？』我說：「不會。」維摩詰又說：『一切眾生心中本來是清淨無垢的，正和你一樣啊！啊，優波離，妄想是汙垢，無妄想是清淨，顛倒是汙垢，不顛倒是清淨，執著於自我是汙垢，不執著自我是清淨。優波離，世間一切都是生滅不停，如同幻影如同閃電；一切事物的流變並不等待其他事物，以至於轉念都不停留；一切都是虛妄，如同夢境又如同陽焰，如同水中之月，如同鏡中的影像，都是從妄想中產生。領悟到這道理的人才是真正的奉行戒律，才能稱作透徹了解佛法。』」

「於是二比丘言：『上智哉！是優波離所不能及，持律之上而不能說。』我答言：『自捨如來，未有聲聞及菩薩能制其樂說之辯，其智慧明達為若此也。』時二比丘疑悔即除，發阿耨多羅三藐三菩提心，作是願言：『令一切眾生皆得是辯。』故我不堪任詣彼問疾。」

「於是兩位比丘感嘆道：『這真是最高的智慧啊！這是優波離所比不上的，他雖然奉持戒律，卻說不出這樣最高的道理。』我也回答道：『除了如來以外，再沒有聲聞及菩薩能折服這樣充滿智慧的言論了！維摩詰的智慧明達到了這樣的地步啊！』當時二位比丘立刻消除了疑惑和悔恨，發心求取無上正等正覺，立下誓願說：『希望一切眾生都能得到這樣的雄辯智慧。』所以去維摩詰那裡探病，我不能勝任。」

佛告羅睺羅：「汝行詣維摩詰問疾。」羅睺羅白佛言：「世尊，我不堪任詣彼問疾。所以者何？憶念昔時，毗耶離諸長者子來詣我所，稽首作禮，問我言：『唯！羅睺羅，汝佛之子，捨轉輪王位，出家為道。其出家者，有何等利？』我即如法為說出家功德之利。時維摩詰來謂我言：『唯！羅睺羅，不應該說出家功德之利，所以者何？無利無功德，是為出家。有為法者，可說有利有功德；夫出家者為無為法，無為法中無利無功德。羅睺羅，出家者，無彼無此，亦無中間；離六十二見，處於涅槃；智者所受，聖所行處；降伏眾魔、度五道、淨五眼、得五力、立五根；不惱於彼，離眾雜惡；摧諸外道，超越假名；出淤泥，無繫著；無我所，無所受，無擾亂；內懷喜，護彼意；隨禪定，離眾過。若能如是，是真出家。』於是維摩詰語諸長者子：『汝等於正法中，宜共出家。佛世難值。』諸長者子言：『居士，我聞佛言：父母不聽，不得出家。』維摩詰言：『然。汝等便發阿耨多羅三藐三菩提心，是即出家，是即具足。』爾時，三十二長者子皆發阿耨多羅三藐三菩提心。故我不任詣彼問疾。」

羅睺羅是密行第一。佛吩咐他：「你代表我去探病。」羅睺羅跟佛祖報告：「世尊，我不能去維摩詰那裡探病，為什麼呢？想當初毗耶離城中眾位長者之子來我家，稽首行禮，問我：『喂，羅睺羅，你是佛祖之子，捨棄了轉輪王位的尊榮出家修道。究竟出家對你有甚麼好處呢？』我就依照佛法為他們說出家所獲的功德利益。」轉輪王是古印度傳說中威德甚大的統治者，轉動寶輪降伏天下四方。佛教認為佛出家為法輪王，在家則為轉輪王，羅睺羅如不出家，可世襲而任轉輪王位。金庸小說《神鵰俠侶》中的金輪法王，取義於此。羅睺羅留形住世，受佛派遣在未來世中濟度眾生，算是佛的秘密情報員，故稱密行。這有點像耶穌基督為上帝之子，陪我們一起受苦。

「當時維摩詰來對我說：『啊，羅睺羅，你不應當對他們說出家所獲的功德利益。為什麼呢？沒有利益也沒有功德，才是真正的出家。修行有為法的人，可以談所獲的功德利益。出家卻是修行無為法，無為法中沒有功德利益。羅睺羅，所謂出家，不執著此，不執著彼，也不執著於中間。脫離了六十二種邪見，處於涅槃的境界，這是有智慧的人所領受的正法，是聖人所實踐修行的。降伏魔怨，超脫五道輪迴，清淨五眼，獲得五力，立下五根法門，不因世俗侵擾而煩惱，擺脫一切罪惡。摧毀外道學說，超越虛假名相，脫離貪欲的汙泥，不再執著困擾。沒有對主觀自我和客觀世界的區分，不受外界干擾；內心懷著法喜，隨順護持眾生的心意；依隨禪定，擺脫各種過失。若這些都做到了，才是真正的出家。』於是維摩詰對眾位長者之子說：『你們生於佛在世的正法時期，應該一同出家，為什麼呢？因為佛祖在世的時代很難遇到啊！』眾位長者之子說道：『居士，我們聽佛說過：如果父母不允許是不能出家的。』維摩詰回答：『是的。你們就發心求取無上正等正覺吧！這就是出家，已經圓滿俱足。』當時，三十二位長者之子發心求取無上正等正覺。所以去維摩詰那裡探病，我不能勝任。」

梁武帝初見達摩，問自己供僧護法功德如何，達摩回稱無功德，這才是真出家，梁武帝心態確實有問題。大畜卦：「利貞，不家食吉。利涉大川。」可說有出家之象。出家前得利貞，堅守正道，才能護佑眾生度彼岸。上爻的境界：「何天之衢，亨。」〈小象傳〉：「道大行也。」爻變成泰卦，畜極則通，從佛教來講就叫荷擔如來。大畜之後為頤卦，便可頤養眾生。遯卦逃避現實，也有出家的象，〈大象傳〉：「天下有山，君子以遠小人，不惡而嚴。」出家多往僻靜的深山裡去，所謂「天下名山僧佔全」。但往往「地獄門前僧道多」。流於形式，未能真修反而自誤誤人。家人卦是在家修行，〈大象傳〉：「君子以言有物而行有恆。」〈彖傳〉：「家道正，正家而天下定矣！」義同《大學》：「家齊而後國治，國治而後天下平。」

正法時期佛在世，親傳正法；像法時期佛已涅槃，善知識說法已有些似是而非；末法時期魔強法弱，小心誤入歧途。觀音菩薩前世已經成佛，稱正法明佛，可闡明正法。蒙卦初爻：「發蒙，利用刑人，用脫桎梏。」〈小象傳〉：「以正法也。」〈彖傳〉：「蒙以養正，聖功也。」刑同型，刑人就是好的上師典範，他的正已經修成，可誘導眾生擺脫嗜欲的束縛，開發自性，也修成正果。

「父母不聽，不得出家。」父母同意才得出家，合情近理。中台禪寺不就鬧過這樣的糾紛嗎？

其實「佛在家中坐，何必遠燒香？」家中坐的佛就是父母，不盡人子之責孝養，於義有虧。「老吾老以及人之老，幼吾幼以及人之幼。」「獨親其親」之後，再「不獨親其親」吧！

佛告阿難：「汝行詣維摩詰問疾。」阿難白佛言：「世尊，我不堪任詣彼問疾。所以者何？憶念昔時，世尊身有小疾，當用牛乳，我即持缽詣大婆羅門家門下立。時維摩

詰來謂我言：『唯！阿難。何為晨朝持缽住此？』我言：『居士，世尊小有疾，當用牛乳，故來至此。』維摩詰言：『止，止！阿難，莫作是語。如來身者，金剛之體，諸惡已斷，眾善普會，當有何疾？當有何惱？默往！阿難。勿謗如來，莫使異人聞此麤言，無令大威德諸天及他方淨土諸來菩薩得聞斯語。阿難，轉輪聖王以少福故，尚得無病，豈況如來無量福會普勝者哉？行矣，阿難。勿使我等受斯恥也。外道梵志若聞此語，當作是念：何名為師？自疾不能救，而能救諸疾人？可密速去，勿使人聞。當知！阿難。諸如來身即是法身，非思欲身。佛為世尊，過於三界。佛身無漏，諸漏已盡。佛身無為，不墮諸數。如此之身，當有何疾？』時我，世尊，實懷慚愧：得無近佛而謬聽耶？即聞空中聲曰：『阿難，如居士言。但為佛出五濁惡世，現行斯法度脫眾生。行矣，阿難。取乳勿慚。』世尊，維摩詰智慧辯才為若此也。是故不任詣彼問疾。」

如是，五百大弟子各各向佛說其本緣，稱述維摩詰所言，皆曰：「不任詣彼問疾。」

阿難是佛的堂弟，多聞第一。佛吩咐他：「你代表我去探病。」阿難跟佛祖報告：「世尊，我不能去維摩詰那裡探病，為什麼呢？想當初世尊身體微恙，要喝牛奶，我拿了飯缽到大婆羅門的門前乞討。這時維摩詰對我說：『喂，阿難，你一大早拿著缽站在這裡幹嘛？』我答道：『居士，世尊身體微恙，要喝牛奶，我因此來這裡乞討。』維摩詰道：『停，停！阿難，不要說這樣的話。如來是金剛不壞之身，已經斷滅了各種惡業，各種善業會聚其身，哪裡還會有甚麼疾病，會有甚麼煩惱呢？閉嘴離開吧，阿難！不要毀謗如來，不要讓外道異端聽到這種粗陋無理的話，不要讓有大威德的諸位天人及他方淨土來的諸位菩薩聽到這樣的話。阿難，轉輪聖王因其微小的福報，尚且得以不生疾病，何況如來這樣集無量福報善根於一身的聖人呢？走吧，阿難，不要讓我們遭受這樣的恥辱。如果外道的修行人聽到這些話，他心裡一定這麼想：如來怎麼配稱眾生的導師呢？自己生病都不能救治，還能救治得病的眾生嗎？你趕快悄悄離開吧，不要讓別人聽到這些話。阿難！你應當知道，如來身就是清淨法身，而不是凡俗的有形肉身，天天憧憧往來，欲望無窮。佛祖為世界的至尊，超脫三界外。佛身沒有煩惱，已經除盡各種煩惱。佛身無為，不會墮入凡夫俗子定受限制的氣數中。這樣的身體還會有甚麼疾病呢？』世尊，當時我實在十分慚愧：經常跟在佛的身邊，卻錯聽了佛法嗎？隨即又聽到空中傳來聲音說道：『阿難！正如居士所說。只是因為佛祖生在五濁惡世，為了超度眾生才顯現這樣的形象。走吧，阿難，去取牛奶，不必慚愧。』世尊，維摩詰的辯才高到這種地步，去他那裡探病，我肯定不能勝任。」

就像這樣，五百大弟子各各向佛祖報告事情的本末，稱述讚嘆維摩詰所言，都說：「不能勝任去他那兒探病。」

梵志本有三義：一、有志求生於梵天者。二、在家的婆羅門。三、一切出家的外道。這裡顯然是指出家外道。五濁惡世：一、劫濁，生當其他四濁之世。二、見濁，當劫濁之世，眾生多邪見，執迷不見正道。三、煩惱濁，貪嗔癡盛行。四、眾生濁，當劫濁之世，眾生煩惱迷惑，心鈍體弱，福少苦多。五、命濁，眾生壽命短促。

《易經》裡的疾字甚多，略為探討於下。兌卦象徵與生俱來的情慾，第四爻：「商兌未寧，介疾有喜。」爻變節卦，就得節制嗜欲，才可痊癒。豫卦第二爻：「介于石，不終日，貞吉。」爻變是解卦，預防勝於治療，及早跟病源隔離，超前部署有備無患。第五爻：「貞吉，恒不死。」

〈小象傳〉：「中未亡也。」一旦染病，只要中氣未亡，或可帶病延年，亦即與病毒和平共存。方今世界瘟疫為患，這些療治的觀念都有提出並實踐。介即介入隔離之意。損卦第四爻：「損其疾，使遄有喜，无咎。」〈大象傳〉：「君子以懲忿窒欲。」減損欲望可少得病或迅即康復，轉思欲身成法身，儒釋道皆有共識。疾病不限肉身，很多與精神心理有關，无妄卦第五爻：「无妄之疾，勿藥有喜。」〈小象傳〉：「无妄之藥，不可試也。」心病還得心藥醫，身心密切相關。復卦：「出入无疾，朋來无咎。」心力強健，得病康復得快，甚至不生病。維摩詰生病，佛也會生病，生老病死固然人生之常，是真的病，還是「示疾」？涅槃是死亡，還是「示滅」？

井卦開發自性，第二爻：「甕敝漏。」這是有漏法。第五爻：「井洌，寒泉食。」自性泉湧而出，佛身無漏，諸漏已盡。

菩薩品第四

於是佛告彌勒菩薩：「汝行詣維摩詰問疾。」彌勒白佛言：「世尊，我不堪任詣彼問疾。所以者何？憶念我昔為兜率天王及其眷屬說不退轉地之行。時維摩詰來謂我言：『彌勒，世尊授仁者記，一生當得阿耨多羅三藐三菩提。為用何生得受記乎？過去耶？未來耶？現在耶？若過去生，過去生已滅；若未來生，未來生未至；若現在生，現在生無住。如佛所說：「比丘！汝今即時亦生亦老亦滅。」若以無生得受記者，無生即是正位，於正位中亦無受記，亦無得阿耨多羅三藐三菩提。云何彌勒受一生記乎？為從如生得受記耶？為從如滅得受記耶？若以如生得受記者，如無有生；若以如滅得受記者，如無有滅。一切眾生皆如也，一切法亦如也，眾聖賢亦如也，至於彌勒亦如也。若彌勒得受記者，一切眾生亦應受記。所以者何？夫如者不二不異。若彌勒得阿耨多羅三藐三菩提者，一切眾生皆亦應得。所以者何？一切眾生即菩提相。若彌勒得滅度者，一切眾生亦當滅度。所以者何？諸佛知一切眾生畢竟寂滅，即涅槃相，不復更滅。是故，彌勒！無以此法誘諸天子。實無發阿耨多羅三藐三菩提心者，亦無退者。』

彌勒菩薩是未來佛，又號慈氏，生於南天竺婆羅門家，從佛出家，入滅後生於兜率天內院。經人世約五十六億七千萬年後，又下生人間，在華林園龍華樹下成正覺。五十六億多年以後，太陽系都消滅了，這個救世的預言會不會跳票呢？《老子》：「吾有三寶，持而保之。一曰慈。二曰儉，三曰不敢為天下先。」慈愛眾生之心常在。佛命彌勒菩薩：「你到維摩詰那裡去探病吧。」

彌勒菩薩向佛報告：「世尊，我不能勝任到維摩詰那裡探病，為什麼呢？想我當初為兜率天王及其眷屬演說如何不退轉而證菩提的修行。那時維摩詰對我說：『彌勒，世尊授記給你，預言你下一生當證得無上正等正覺。你是憑著哪一世用而被受記呢？是過去、未來、還是現在呢？』」維摩詰基本的論辯方法佛經上常用，如果怎樣，然後就分析，例如心在哪裡？不在內，不在外，不在中間，全部都不在，就逼人翻上一個層面去想。「『若是過去生，過去生已經消逝；若是未來生，未來生還沒有到來；若是現在生，現在生是無法留住的。』」才講完，就不是現在了。剎那生滅，情勢已變，伸足入水，已非前水，逝者如斯，不舍晝夜，哪有現在？現在生是隨卦，隨時都在變，哪有現在？《金剛經》：「過去心不可得，現在心不可得，未來心不可得。」那個心不是真心，而是要降服的妄心，用妄心去區分現在、過去、未來，當然都不可得。

我們面對人生很多事情，過去就算了，追悔無益；至於未來，既然還沒來，空想沒用；那就掌握現在吧？又乍得乍失。稍微有一點怠惰，就什麼都不可得，再不然就得將妄心妄念提升到真心。

正如佛祖所說：「眾比丘啊，你們就在此刻生，此刻老，此刻滅。」《莊子・齊物論》：「方生方死，方死方生。」世間一切不斷流變，是生的狀態，同是老的狀態，同是滅的狀態。從真心去看，就是不生不滅。《心經》：「無老死，亦無老死盡。」屯卦是物之始生，字形為「初生草穿地」，接著的蒙卦就有死相，雜草叢生掩蓋了墳頭，裡面還有隻死豬。屯卦象徵「人之初，性本善。」蒙卦二則「性相近，習相遠。」哀莫大於心死，情慾蒙蔽理智，習染深重。二卦一體相綜，真是方生方死，方死方生，剎那生滅。剝極而復，滅後又生，二卦也是一體相綜，新陳代謝，永無止息。頤卦養生，大過卦送死，二卦相錯，由生到死一瞬間。坎、離二卦相錯，所謂習坎繼明，大死之後又可大生，永續不絕。

「若以無生得受記者，無生即是正位，於正位中亦無受記，亦無得阿耨多羅三藐三菩提。云何彌勒受一生記乎？」如果你是以「無生」這種狀態得到佛祖的受記，已經是正位了，還受什麼記？也不會得到無上正等正覺，怎麼還說彌勒會在某一生受記成佛呢？「為從如生得受記耶？為從如滅得受記耶？若以如生得受記者，如無有生；若以如滅得受記者，如無有滅。」如指真如，是以真如產生而得到受記嗎？還是以真如消亡而得到受記呢？若說是根據真如產生而得到受記，真如是沒有所謂產生的；若說是根據真如消亡而得到受記，真如是沒有所謂消亡的。《心經》稱：「不生不滅，不垢不淨，不增不減。」「一切眾生都是真如的體現，一切法也是真如的體現，眾位聖賢也都是。至於彌勒你不也是真如的顯現嗎？若彌勒得到受記，一切眾生也應該得到受記。為什麼呢？所謂真如，萬物齊同沒有差異。如果彌勒得到無上正等正覺，那麼一切眾生也應當得到無上正等正覺。為什麼呢？一切眾生平等，都具備菩提相。若彌勒能夠入滅而得證涅槃，那麼眾生也應該入滅而得證涅槃。為什麼呢？諸佛都深刻了解一切眾生的本性寂靜，就具涅槃相，哪裡還需要入滅？所以，彌勒，不要再用你那套方法去誤導諸天子吧！實際上沒有所謂發心求無上正等正覺，也沒有所謂退轉啊！」《金剛經》：「我皆令入無餘涅槃而滅度之，如是滅度無量無數無邊眾生得滅度者，實無眾生得滅度者，何以故？須菩提，若菩薩有我相、人相、眾生相、壽者相，即非菩薩。」

佛與眾生平等，眾生原來是佛。《易經》最高境界為乾卦用九：「見群龍無首，吉。」《春秋》太平世稱「人人皆有士君子之行。」孟子：「人人皆可為堯舜。」《華嚴經》：「光光相網，千燈相照。」意境皆相通。《華嚴經》是所謂富貴經，佛家的富貴當然不是世俗的財富，而是智慧與德行的富貴圓滿。《論語．子張篇》：「譬之宮牆，賜之牆也及肩，窺見室家之好；夫子之牆數仞，不得其門而入，不見宗廟之美，百官之富。」〈繫辭傳〉：「富有之謂大業，日新之謂盛德。」

「『彌勒！當令此諸天子捨於分別菩提之見。所以者何？菩提者，不可以身得，不可以心得。寂滅是菩提，滅諸相故；不觀是菩提，離諸緣故；不行是菩提，無憶念故；

斷是菩提，捨諸見故；離是菩提，離諸妄想故；障是菩提，障諸願故；不入是菩提，無貪著故；順是菩提，順於如故；住是菩提，住法性故；至是菩提，至實際故；不二是菩提，離意法故；等是菩提，等虛空故；無為是菩提，無生住滅故；知是菩提，了眾生心行故；不會是菩提，諸入不會故；不合是菩提，離煩惱習故；無處是菩提，無形色故；假名是菩提，名字空故；如化是菩提，無取捨故；無亂是菩提，常自靜故；善寂是菩提，性清淨故；無取是菩提，離攀緣故；無異是菩提，諸法等故；無比是菩提，無可喻故；微妙是菩提，諸法難知故。』世尊，維摩詰說是法時，二百天子得無生法忍。故我不任詣彼問疾。」

「維摩詰繼續教訓彌勒：『你應當引導諸天子捨棄分別菩提的偏見，那不究竟，為什麼呢？所謂菩提，不可用身體求得，也不可用心求得。菩提是寂滅，眾生本性就是寂靜，一切諸相皆是虛妄，虛妄相滅，真如就能顯現，立證菩提。菩提不是一般膚淺的觀察，因為脫離了種種因緣的附會。觀完就要行，菩提沒有一般的意念造作。菩提是斷滅，捨棄斷滅了不少皮相的俗見。菩提是遠離，遠離了各種顛倒妄想。菩提是障蔽，障蔽掉一般的欲望願求。菩提是不被六入六塵沾染，因為沒有貪戀執著。菩提是隨順，隨順於真如。菩提是安住，安住於法性。菩提是到達，到達了實際的彼岸。菩提是不二，不二就是一，沒有一般意念與物質的區分。菩提是等同，一切平等，等同於虛空。菩提是無為，沒有產生、留住、消亡的過程。菩提是智慧，透徹了解眾生的心意與行為。』」《金剛經》：「所有眾生若干種心，如來悉知。」易占運用合宜，亦可悉知眾生心意。〈繫辭傳〉：「以卜筮者尚其占，是以君子將有為也，將有行也，問焉而以言，其受命也如嚮，無有遠近幽深，遂知來物。非天下之至精，其孰能與於此？」「易，無思也，無為也，寂然不動，感而遂通天下之故。非天下之至神，其孰能與於此？」

「『菩提是不會攏，內外六入都不會攏。菩提是斷絕生死的，因為擺脫諸多煩惱習氣。菩提是無處，因為無定在無所不在，沒有色相形跡。菩提只是假名，名稱下並無實際。』」〈繫辭傳〉：「神無方而易無體」，又稱：「陰陽不測之謂神。」「『菩提如幻如化，故而沒有取捨之心。菩提不起擾亂，常自平靜安寧。菩提善於隨順寂滅，因為本性清淨。菩提對外物無所取，不攀附於因緣果報。菩提沒有差異，因為諸法平等。菩提無可比擬，沒有事物可與之相比。菩提微妙深奧，因為世界的本質難以理解。』世尊，當維摩詰這樣說法時，二百天子獲得無生法忍，所以我不能勝任到維摩詰那裡探病。」

佛告光嚴童子：「汝行詣維摩詰問疾。」光嚴白佛言：「世尊，我不堪任詣彼問疾。所以者何？憶念我昔，出毗耶離大城。時維摩詰方入城，我即為作禮而問言：『居士從何所來？』答我言：『吾從道場來。』我問：『道場者何所是？』答曰：『直心是道場，無虛假故；發行是道場，能辦事故；深心是道場，增益功德故；菩提心是道場，無錯謬故。布施是道場，不望報故；持戒是道場，得願具故；忍辱是道場，於諸眾生心無礙故；精進是道場，不懈退故；禪定是道場，心調柔故；智慧是道場，現見諸法故。慈是道場，等眾生故；悲是道場，忍疲苦故；喜是道場，悅樂法故；捨是道場，憎愛斷故。神通是道場，成就六通故；解脫是道場，能背捨故；方便是道場，教化眾生故；四攝是道場，攝眾生故；多聞是道場，如聞行故；伏心是道場，正觀諸法故；三十七品是道場，捨有為法故；四諦是道場，不誑世間故；緣起是道場，無明乃至老死皆無盡故；諸煩惱是道場，知如實故；眾生是道場，知無我故；一切法是道場，知諸法空故；降魔是道場，不傾動故；三界是道場，無所趣故；師子吼是道場，無所畏故；力、無畏、不共法是道場，無諸過故；三明是道場，無餘礙故；一念知一切法是道場，成就一切智故。如是！善男子。菩薩若應諸波羅蜜教化眾生，諸有所作，舉足下足，當知皆從道場來，住於佛法矣。』說是法時，五百天人皆法阿耨多羅三藐三菩提心，故我不任詣彼問疾。」

佛命光嚴童子：「你到維摩詰那裡去探病吧。」光嚴童子向佛報告：「世尊，我不能勝任到維摩詰那裡探病，為什麼呢？想我當初有一次出毗耶離大城，維摩詰剛好進城，我對他行禮問道：『居士從哪來？』維摩詰回道：『我從道場來。』我問：『什麼是道場？』他回答：『直心是道場，無虛假故；發行是道場，能辦事故；深心是道場，增益功德故；菩提心是道場，無錯謬故。』質直之心就是道場，因為真誠而不虛假，道場中就是煉心，其他種種擺設儀式都其次。發願修行就是道場，不要只會空想空講，要能實際辦事。深刻用心是道場，才能增益功德。菩提心是道場，不再輕易犯錯。」熊十力為學「用心深細」，毓老師也說一生得力於此。

「『菩薩的六度萬行也是道場。布施、持戒、忍辱、精進、禪定、智慧。布施不望回報；持戒所有發願由此而獲滿足；做好事未必獲得尊重，還可能遭遇侮辱，得以平和心境忍受。』」「包羞忍辱是男兒」，否卦第三爻跌落人生谷底，爻辭稱：「包羞。」對於眾生心不懷有惱怒之心，無所罣礙。「能忍辱就能勇猛精進，勤勉修行不生懈怠。」《老子》：「寵辱若驚，貴大患若身。何謂寵辱若驚？寵為下，得之若驚，失之若驚，是謂寵辱若驚。何謂貴大患若身？吾之所以有大患者，為吾有身，及吾無身，吾有何患？故貴以身為天下，若可寄天下；愛以身為天下，若可託天下。」《孟子．離婁篇》：「有不虞之譽，有求全之毀。」毀譽不易公正，人生在世為所當為，不必太在乎，最好像范仲淹〈岳陽樓記〉所稱：「登斯樓也，則有心曠神怡，寵辱皆忘，其喜洋洋者矣。」「禪定就是道場，氣定神閑，心意調和的很柔軟；智慧就是道場，因為顯現世界本質的奧秘如在目前。」

「慈悲喜捨四無量心即是道場：慈是道場，因為以平等心對待眾生。悲是道場，因為能忍受疲勞痛苦。喜是道場，因為從佛法中獲得喜悅。捨是道場，因為捨棄了俗世的愛恨之情。神通是道場，因為具備了六種神通。解脫是道場，因為能背棄塵俗煩惱。方便度人是道場，因為要教化眾生。四攝法是道場，因為有益於教化眾生。多聞是道場，因為可依法修行。調伏心意是道場，這樣就能依從正道去觀察世界。三十七品是道場，因為捨棄了一切有為法。苦寂滅道的四諦是道場，因為不欺騙世間眾生。」

「十二緣起是道場，由此可以明白從無明到老死是輪轉不息的。」《心經》：「無無明，亦無無明盡；無老死，亦無老死盡。」「各種煩惱就是道場，因為人生本是這樣，必須從煩惱去證菩提。眾生就是道場，由此才能了悟無我的道理。一切法就是道場，由此了解一切皆空。降伏魔怨是道場，不再受其傾動。三界就是道場，雖在其中依從大乘之道。獅子吼是道場，可無所畏懼。力、無謂、不共法是道場，由此不會再有各種過失。三明是道場，因為智慧明達，再沒有任何障礙。一念明解一切法就是道場，圓滿成就一切智慧。就像這樣，善男子啊！菩薩如果順應六波羅蜜教化眾生，他的所有言行包括舉手投足，應當知道都從道場來，全部安住在佛法中啊！」

「當維摩詰這樣說的時候，五百天子都發心求證無上正等正覺。因此，我不能勝任到維摩詰那裡探病。」

佛告持世菩薩：「汝行詣維摩詰問疾。」持世白佛言：「世尊，我不堪任詣彼問疾。所以者何？憶念我昔，住於靜室。時魔波旬從萬二千天女，狀如帝釋，鼓樂弦歌來詣我所，與其眷屬稽首我足，合掌恭敬，於一面立。我意謂是帝釋而語之言：『善來！憍尸迦。雖福應有，不當自恣。當觀五欲無常，以求善本，於身命財，而修堅法。』即語我言：『正士，受是萬二千天女，可備掃灑。』我言：『憍尸迦，無以此非法之物要我沙門釋子，此非我宜。』所言未訖，時維摩詰來謂我言：『非帝釋也，是為魔，來嬈固汝耳。』即語魔言：『是諸女等可以與我，如我應受。』魔即驚懼，念：『維摩詰將無惱我？』欲隱形去，而不能隱，盡其神力，亦不得去。即聞空中聲曰：『波旬，以女與之，乃可得去。』魔以畏故，俛仰而與。

佛命持世菩薩：「你到維摩詰那裡去探病吧。」持世菩薩向佛報告：「世尊，我不能勝任到維摩詰那裡探病，為什麼呢？想我當初，居住在靜室中。那時惡魔波旬率領一萬二千天女，化作帝釋的形象，在鼓樂弦歌中來到我的居所，他與所帶的天女向我稽首行禮，恭敬地合掌問訊，站在一旁。我以為他是帝釋，便對他說：『來的好啊，憍尸迦！這雖然是你應得的福分，也不該過分放縱自己。應當認識到所有的欲望是無常的，該放棄俗世的肉身性命和財寶，努力修習堅固不壞的法身和慧命。』他就告訴我說：『你這個大修行人，請收下這一萬二千天女吧，可以讓她們灑掃門庭。』我說：『憍尸迦！不要用這種不合法理的東西來引誘佛門弟子，這不合適。』話還沒說完，維摩詰卻對我說：『這不是帝釋啊！這是來擾亂你修行的惡魔。』隨即又對波旬惡魔說：『這些天女你送給我吧！我沒出家，可以接受。』魔即驚懼，心想：『維摩詰是否要對我惱怒？』他想隱形卻辦不到，用盡神力也跑不掉。突然空中有聲音說道：『波旬，把那些天女送給他吧，你才能夠離開。』魔因為害怕的緣故，猶豫再三後，終於將天女送給維摩詰。」

「爾時，維摩詰語諸女言：『魔以汝等與我，今汝皆當發阿耨多羅三藐三菩提心。』

即隨所應而為說法，令發道意。復言：『汝等已發道意，有法樂可以自娛，不應復樂五欲樂也。』天女即問：『何為法樂？』答言：『樂常信佛，樂欲聽法，樂供養眾，樂離五欲，樂觀五陰如怨賊。樂觀四大如毒蛇，樂觀內入如空聚；樂隨護道意；樂饒益眾生；樂敬仰師；樂廣行施，樂堅持戒，樂忍辱柔和，樂勤集善根，樂禪定不亂，樂離垢明慧；樂廣菩提心；樂降伏眾魔，樂斷諸煩惱；樂淨佛國土；樂成就相好故修諸功德；樂莊嚴道場；樂聞深法不畏；樂三脫門，不樂非時；樂近同學，樂於非同學中心無罣礙；樂將護惡知識，樂親近善知識；樂心喜清淨；樂修無量道品之法。是為菩薩法樂。』」

「那時，維摩詰對眾位天女說：『魔王已經將妳們送給了我，現在妳們都應當發心求取無上正等正覺。』於是針對她們的資質點化說法，讓其發起求道的心意，又接著說：『妳們已經發心求道，應當以法樂自娛，不應再沉迷飲食男女的五欲之樂。』天女們問：『甚麼是法樂呢？』維摩詰回答：『以信佛為樂，以聽法為樂，以供養眾生為樂，以脫離五欲的糾纏煩擾為樂，以觀五蘊如怨賊為樂，觀地水火風四大如毒蛇為樂，以觀眼耳鼻舌身意六內入如荒村野店為樂。以隨時護持求道之心意為樂，以饒益眾生為樂，以敬仰師長為樂，以廣行布施為樂。以持戒堅定為樂，以忍辱柔和為樂，以勤奮修集善根為樂，以脫離塵垢明達智慧為樂。以廣泛發揚菩提心為樂，以降伏眾魔為樂，以斷絕各種煩惱為樂。以清淨佛土為樂。以勤修功德成就相好為樂，以莊嚴道場為樂，以聽聞深奧佛法而不驚疑畏懼為樂，以空、無相、無作三種解脫的法門為樂。不樂修習小乘法門，而以親近大乘同修為樂，以處在不同道者間內心並無罣礙為樂。以扶助惡知識、親近善知識為樂，以清淨法喜為樂，以修無量道品之法為樂。以上都是菩薩的法樂。』」

信佛聽法供養眾生為樂，中孚卦強調信受奉行，初爻爻辭：「虞吉。有它，不燕。」燕是快樂安適，虞也有豫樂之意。一旦確立信仰，躬行不疑。廣行布施為樂，乾卦代表天道自然，〈彖傳〉：「雲行雨施，品物流形。」第二爻爻辭：「見龍在田。」〈小象傳〉：「德施普也。」勤集善根為樂，坤卦初爻〈文言傳〉：「積善之家，必有餘慶。」大有卦〈大象傳〉：「君子以遏惡揚善，順天休命。」第二爻〈小象傳〉：「大車以載，積中不敗也。」大車就像大乘佛法，積累功德永不衰敗。小乘稱「非時」，格局小未成大道。易理特重時變應對合宜，《論語》開宗明義：「學而時習之，不亦悅乎！」

兌卦〈大象傳〉：「君子以朋友講習。」每個人都希望親近善知識，很難做到將護惡知識，分別心太重如何成就大德？《老子》稱：「塞其兌，閉其門，挫其銳，解其紛，和其光，同其塵。」又稱：「善者，吾善之；不善者，吾亦善之；德善。信者，吾信之；不信者，吾亦信之；德信。聖人在天下，歙歙焉為天下渾其心。百姓皆注其耳目，聖人皆孩之。」真正大德跟甚麼人都能涵容相處，非時小乘絕對比同學大乘的多，如拒不接觸如何廣弘佛法？《論語．述而篇》：「三人行，必有我師焉。擇其善者而從之，其不善者而改之。」接觸惡知識，從他們身上一樣可以學到很多東西，這才是胸襟氣度，才能有教無類。《大學》稱：「無所不用其極。」《中庸》

講：「無入而不自得。」這才是積極奮發、大度包容的處世功夫。《論語・學而篇》：「主忠信，無友不如己者。」舊注有解釋人應擇交，絕不交往不如自己的朋友，如果每人都這樣，比你高明的為什麼要跟你交往呢？其實這就是三人行的意思，我交的所有朋友沒有一個不如我的，因為都可學到東西，真謙虛到極點。

「於是波旬告諸女言：『我欲與汝俱還天宮。』諸女言：『以我等與此居士，有法樂，我等甚樂，不復樂五欲樂也。』魔言：『居士，可捨此女。一切所有施於彼者，是為菩薩。』維摩詰言：『我已捨矣，汝便將去。令一切眾生得法願具足。』於是諸女問維摩詰：『我等云何止於魔宮？』維摩詰言：『諸姊，有法門名「無盡燈」，汝等當學。無盡燈者，譬如一燈燃百千燈，冥者皆明，明終不盡。如是！諸姊。夫一菩薩開導百千眾生，令發阿耨多羅三藐三菩提心，於其道意亦不滅盡，隨所說法而自增益一切善法，是名無盡燈也。汝等雖住魔宮，以是無盡燈，令無數天子天女發阿耨多羅三藐三菩提心，為報佛恩，亦大饒益一切眾生。』爾時，天女頭面禮維摩詰足，隨魔還宮，忽然不現。世尊，維摩詰有如是自在神力智慧辯才。故我不任詣彼問疾。」

「於是惡魔波旬對眾位天女說道：『我和你們一起回到天宮去吧！』天女們回答：『你已經將我們送給這位居士，我們在法樂中感受極大快樂，不想再沉迷五欲之樂。』魔說：『居士。請捨棄這些女子吧，將自己所有的東西都施捨給別人，才是菩薩的作為啊。』維摩詰說道：『我已經捨啦，你就帶她們走吧！希望一切眾生求法的願望都得到滿足。』

「於是眾多天女問維摩詰：『我們回到魔宮，應該怎麼做呢？』維摩詰答道：『各位姊妹，我教你們一個美妙的法門叫無盡燈，你們應當好好學習。所謂無盡燈，譬如用一盞燈點燃百千盞燈，使黑暗都成為光明，而原本的光明也不會消盡。就是這樣，各位姊妹，一位菩薩開導百千眾生，讓他們發心求取無上正等正覺，而他自己的菩提心並未減少，反而隨著他的說法而自動增益一切善法，這就是無盡燈。你們雖然住在魔宮中，用這種無盡燈，讓無數天子天女都發心求取無上正等正覺，這就報答了佛祖的恩德，也對一切眾生大有饒益。』這時天女以頭面觸維摩詰足行禮，隨魔返回魔宮，瞬間不見蹤影。世尊！維摩詰有這樣自在無礙的神通和智慧辯才，所以我不能勝任到維摩詰那裡探病。」

乾卦〈彖傳〉：「大明終始，六位時成。」光明終而復始，永續不絕，即為離卦〈大象傳〉：「明兩作，大人以繼明照于四方。」明夷卦光明受傷，艱難困苦，真似地獄魔宮，第五爻爻辭：「箕子之明夷，利貞。」〈小象傳〉：「明不可息也。」爻變成既濟卦，熬過漫長的痛苦與黑暗，終於渡彼岸而獲成功。《六祖壇經．懺悔品第六》：「何名圓滿報身？譬如一燈能除千年暗，一智能滅萬年愚。」維摩詰所修的無盡燈法門，即為此義。

佛告長者子善德：「汝行詣維摩詰問疾。」善德白佛言：「世尊！我不堪任詣彼問

疾。所以者何？憶念我昔，自於父舍設大施會，供養一切沙門、婆羅門及諸外道貧窮下賤孤獨乞人。期滿七日。時維摩詰來入會中，謂我言：『長者子！夫大施會不當如汝所設。當為法施之會。何用是財施會為？』我言：『居士，何謂法施之會？』『法施會者，無前無後，一時供養一切眾生，是名法施之會。』曰：『何謂也？』『謂以菩提起於慈心，以救眾生起大悲心，以持正法起於喜心，以攝智慧行於捨心。以攝慳貪起檀波羅蜜，以化犯戒起尸羅波羅蜜，以無我法起羼提波羅蜜，以離身心相起毘梨耶波羅蜜，以菩提相起禪波羅蜜，以一切智起般若波羅蜜。』

佛命長者之子善德：「你到維摩詰那裡去探病。」善德向佛報告：「世尊！我不能勝任到維摩詰那裡探病，為什麼呢？想我當初曾在父親的宅邸中設立布施大會，供養一切出家沙門、婆羅門，以及各種外道中貧窮下賤孤獨的乞丐，為期七天。」這種大會也稱為無遮大會，五年辦一次，不分富貴貧賤，廣行布施。《論語．八佾篇》記子曰：「禘自既灌而往者，吾不欲觀之矣！」禘祭為君王在太廟舉行五年一大祭的禮儀，灌是祭前用酒灑地以迎神祇，參與祭典者若失禮則不足觀。觀卦卦辭：「盥而不薦，有孚顒若。」盥即灌，薦為稍後的上供，祭祀以真誠信仰為貴，勿徒具形式。震卦卦辭：「震驚百里，不喪匕鬯。」鬯即灌禮時用的香酒。

「當時維摩詰也來參加大會，對我說：『長者子善德啊！布施大會不應當像你這樣安排，應當要法施教化，光是財施有甚麼用？』我說：『居士，甚麼是法施之會呢？』維摩詰說：『所謂法施大會，不分過去現在未來，同時供養一切眾生。』我問：『這是甚麼意思呢？』維摩詰回答道：『謂以菩提起於慈心，以救眾生起大悲心，以持正法起於喜心，以攝智慧行於捨心。以攝慳貪起檀波羅蜜，以化犯戒起尸羅波羅蜜，以無我法起羼提波羅蜜，以離身心相起毘梨耶波羅蜜，以菩提相起禪波羅蜜，以一切智起般若波羅蜜。』」以無上菩提引導眾生發慈無量心，以救護眾生引導發悲無量心，以秉持正法引導發喜無量心，以通達智慧的行為引導發捨無量心，這是慈悲喜捨的四無量心。往下是六波羅蜜：檀為音譯，就是布施，以調伏慳貪之心引導眾生修行布施波羅蜜；尸羅即持戒，以教化犯戒眾生的行為引導他們修持戒波羅蜜；羼提即忍辱，以無我法引導眾生修忍辱波羅蜜；毘梨耶即精進，以脫離身心分別相引導眾生修精進波羅蜜；以菩提相引導眾生修禪定波羅蜜；以一切智引導眾生修般若波羅蜜。

「『教化眾生而起於空，不捨有為法而起無相，示現受生而起無作，護持正法起方便力。以度眾生起四攝法，以敬事一切起除慢法，於身命財起三堅法，於六念中起思念法，於六和敬起質直心，正行善法起於淨命，心淨歡喜起近賢聖，不憎惡人起調伏心，以出家法起於深心，以如說行起於多聞，以無諍法起空閒處，趣向佛慧起於宴坐，解眾生縛起修行地。以具相好及淨佛土起福德業；知一切眾生心念如應說法起於智業；知一切法不取不捨，入一相門，起於慧業；斷一切煩惱、一切障礙、一切不善法，起一切善業；以得一切智慧、一切善法，起於一切助佛道法。如是，善男子，是為法施之會。若菩薩住是法施會者，為大施主，亦為一切世間種福田。』世尊，維摩詰說是法時，婆羅門眾中二百人皆發阿耨多羅三藐三菩提心。」

「『教化眾生懂得空的意義，不捨棄有為法而顯示無相之義，示現受生而起無作，顯示生死輪迴而無造作，護持正法而以方便度人。行四攝法以超度眾生；以恭敬態度教導眾生去除驕慢；以捨棄肉身、性命、財寶而獲得法身引導眾生修三堅法；以六念引導眾生發起正念。』」菩薩道的四攝法，是布施、愛語、利行、同事。三堅法就是俗人看重身命財，希望牢牢抓住，而法身的身命財與此迥異，才是真正的堅固。六念為念佛、念法、念僧、念戒、念施、念天。「實行六和敬的原則，引導眾生發質直心；行善引導眾生獲得清淨身命；心淨歡喜引導眾生親近賢聖；不憎恨惡人以發調伏之心。」六和敬指僧團和合的六條行事規則：身和敬、口和敬、意和敬、戒和敬、見和敬、利和敬。「以出家法起於深心；以如說行起於多聞；以無諍法起空閒處；趣向佛慧起於宴坐；解眾生縛，起修行地。」以出家修行引導眾生深心求道，以如佛所說法修行引導眾生廣博求聞道，以平和不諍的態度引導眾生居於空閒處，以趨向佛慧的修行引導眾生靜坐禪定，以解脫眾生束縛引導住於修行地。以顯現美好形相和清淨佛土引導眾生造作福德；了解一切眾生心念，隨應說法引導造作智業；領悟世間一切法不取不捨，本性平等，引導眾生造作慧業；斷除一切煩惱、一切障礙、一切不善法，引導眾生造作一切善業；以獲得一切智慧、一切善行，引導眾生一切有助佛道之法。善男子，這才是法施之會。如果菩薩安住這樣的法施之會，才是真正的大施主，也就是為一切世間眾生種福田。世尊，當維摩詰這樣說法時，婆羅門中有二百人都發心求取無上正等正覺。」

「我時心得清淨，歎未曾有，稽首禮維摩詰足，即解瓔珞價值百千以上之。不肯取。我言：『居士，願必納受，隨意所與。』維摩詰乃受瓔珞，分為二分，持一分施此會中一最下乞人，持一分奉彼難勝如來。一切眾會皆見光明國土的難勝如來，又見珠瓔在彼佛上，變成四柱寶台，四面嚴飾，不相障蔽。時維摩詰現神變已，又作是言：『若施主等心施一最下乞人，猶如如來福田之相，無所分別。等於大悲，不求果報，是則名曰具足法施。』城中一最下乞人見是神力，聞其所說，皆發阿耨多羅三藐三菩提心，故我不任詣彼問疾。」如是，諸菩薩各各向佛說其本緣，稱述維摩詰所言，皆曰：「不任詣彼問疾。」

「我當時內心獲得清淨，讚歎這是未曾有過的境界，便對維摩詰稽首行禮，解下所佩價值千金的瓔珞奉獻給他。維摩詰不肯接受，我說：『居士請您一定要接受，隨便施捨給誰都好。』維摩詰收下瓔珞，分為二半，將其中一半施捨給大會中最貧賤的乞食者，另一半供奉給那位難勝如來。參加大會的所有人都看見光明國土的難勝如來，又看到瓔珞珠寶在那佛土上變出四座寶台，四面都精美裝飾，相互間沒有任何障蔽。當時維摩詰顯現了這樣神奇的變化後，又說道：『如果施主以平等心施捨給最貧賤的乞食者，這種功德和供奉如來所種的福田沒有分別。以平等大悲心布施，不求得到果報，這就稱作具足法施。』城中最貧賤的乞食者看見這樣神奇的變化，聽到他的說法，都發心求取無上正等正覺。因此，我不能勝任去維摩詰那裡探病。」像這樣，各位菩薩各向佛祖陳說事情的本末，引述維摩詰所說的話，都說：「我不能勝任去維摩詰那裡探病。」

文殊師利問疾品第五

文殊師利是大菩薩，前生早已成佛，曾經是包括佛祖在內的七佛之師，為了提攜後進，自動降格到這一生又來做菩薩。文殊、普賢聲名甚大，文殊表示有極高的智慧，普賢代表大家都賢，與易理「群龍無首」相通。最後佛祖點名文殊菩薩去探病，這一段高手過招很精彩，還有一大堆菩薩、羅漢跟了去，觀看他們對答的機鋒。

大致來講，這一品主要是講什麼叫做菩薩。大乘菩薩一定大慈大悲，跟眾生禍福與共，必須度化眾生。〈繫辭傳〉：「吉凶與民同患。」眾生苦於生老病死，菩薩感應道交，不執著有，也不執著空。

爾時，佛告文殊師利：「汝行詣維摩詰問疾。」文殊師利白佛言：「世尊，彼上人者，難為酬對。深達實相，善說法要，辯才無滯，智慧無礙。一切菩薩法式悉知，諸佛秘藏無不得入。降伏眾魔，遊戲神通，其慧方便，皆已得度。雖然，當承佛聖旨，

詣彼問疾。」

於是眾中諸菩薩、大弟子，釋梵、四天王，咸作是念：「今二大士，文殊師利、維摩詰共談，必說妙法。」即時八千菩薩、五百聲聞、百千天人，皆欲隨從。於是文殊師利與諸菩薩、大弟子眾，及諸天人恭敬圍繞，入毗耶離大城。

爾時，長者維摩詰心念：「今文殊師利與大眾俱來。」即以神力空其室內，除去所有及諸侍者，唯置一床，以疾而臥。

佛命文殊師利菩薩：「你到維摩詰那裡去探病吧。」文殊師利向佛陳告：「世尊啊，要與那位上人酬答應對非常困難。他對宇宙人生的本質深切通達，善於演說佛法的精要，雄辯滔滔無人能將之駁倒，智慧高深了無罣礙。完全了解一切菩薩的言行儀軌，一切諸佛的奧秘精要都能深入。降伏各種魔怨，對各種神通變化運用自如，他的智慧和方便度人的法門都已達到極致。雖然這樣，我還是會接受佛祖的聖旨，去他那兒探病。」

深達實相似巽卦，深入瞭解無形的天命，〈大象傳〉：「君子以申命行事。」善說法要似兌卦，〈大象傳〉：「君子以朋友講習。」巽後為兌，二卦相綜一體。

於是在集會中的諸位菩薩、大弟子、釋梵、四天王，都這麼想：「如今二位大士，文殊師利和維摩詰相互交談，必會說出精妙的佛法。」當時八千菩薩、五百聲聞弟子、成百上千的天人，都希望隨從前去探病。於是文殊師利與諸菩薩、各位大弟子，在眾多天人的恭敬圍繞之中，進入毗耶離大城。

這時長者維摩詰心中想到：「現在文殊師利正和大眾一同前來。」於是便運用神力使臥室清空，除去所有器具和侍者，只留下一張床，顯現出染病的形相躺在其上。

文殊師利既入其舍，見其室空，無諸所有，獨寢一床。時維摩詰言：「善來！文殊師利！不來相而來，不見相而見。」文殊師利言：「如是，居士。若來已更不來，若去已更不去。所以者何？來者無所從來，去者無所至；所可見者更不可見。且置是事。居士，是疾寧可忍不？療治有損，不至增乎？世尊殷勤致問無量。居士，是疾何所因起？其生久如？當云何滅？」維摩詰言：「從癡有愛，則我病生。以一切眾生病，是故我病；若一切眾生病滅，則我病滅。所以者何？菩薩為眾生故入生死，有生死則有病；若眾生得離病者，則菩薩無復病。譬如長者，惟有一子，其子得病，父母亦病；若子病愈，父母亦愈。菩薩如是。於諸眾生，愛之若子。眾生病則菩薩病，眾生病愈菩薩亦愈。又言『是疾何所因起？』菩薩疾者，以大悲起。」

文殊師利走進維摩詰室中，見其室內一無所有，只有維摩詰獨自睡在床上。這時維摩詰說道：「來得好啊！文殊師利。你不現來的相，卻已經來了；不顯見相，卻已看見一切。」文殊師利說道：「正是如此，居士。若是已經來到，就不會再來；若是已經離去，就不會再去。為什麼呢？來的人並沒有一定的來處，離去的人也沒有一定的去處，所能見到的其實並沒真正見到。」土城承天禪寺奉祀的廣欽老和尚，有水果和尚之稱，圓寂前有句名言：「無來也無去，無代誌。」哲學大師方東美晚年得癌症，去拜廣欽為師，臨老入佛門，遺體火化後由王昇將骨灰灑葬於金門海域，都惹人爭議。勘破生死談何容易？

「且置是事。居士！是疾寧可忍不？療治有損，不至增乎？」先不談這個。居士，你的病苦還可以忍受嗎？病情已經治療好轉，不會更嚴重了吧？我們這個娑婆世界就叫「堪忍」，勉強可以忍耐，並不是怎麼好。損卦第四爻：「損其疾，使遄有喜，无咎。」有病馬上就去救治，病癒就稱有喜，遄為快速之意。損卦跟修德有關，為亂世憂患九卦之一，〈繫辭傳〉：「損，德之修也……損以遠害。」〈大象傳〉：「君子以懲忿窒欲。」所有的病都是身心病，最大的病就是與生俱來的欲望，帶給我們極大的痛苦。无妄卦第五爻：「无妄之疾，勿藥有喜。」妄想妄動致病遭災，藥石罔效，只能修心養性醫治。「世尊殷勤致問無量。居士，是疾何所因起？其生久如？當云何滅？」佛祖對你的病情十分關切，致以最高的慰問。居士，這病從何而起？得病多久了？要怎樣治療才可以痊癒？

維摩詰回答：「從癡有愛，則我病生。以一切眾生病，是故我病；若一切眾生病滅，則我病滅。」眾生愚癡無明，故生愛想執著，我的疾病由此產生。因為一切眾生有病，所以我也會得病；如果眾生病癒，我也會病癒。「所以者何？菩薩為眾生故入生死，有生死則有病；若眾生得離病者，則菩薩無復病。」為什麼呢？菩薩為了眾生受苦的緣故，甘願再入生死輪迴，有生死就有疾病。如果眾生離開了病的折磨，菩薩就不可能再生病。「譬如長者，惟有一子，其子得病，父母亦病；若子病愈，父母亦愈。菩薩如是。於諸眾生，愛之若子。眾生病則菩薩病，眾生病愈菩薩亦愈。又言『是疾何所因起？』菩薩疾者，以大悲起。」譬如長者只有一個獨生子，兒子得病父母就跟著病，兒子痊癒父母也就痊癒。菩薩對眾生也是一樣，關愛眾生猶如父母關愛子女。眾生得病菩薩跟著得病，眾生病癒菩薩也就病癒。你又問我這病從何而起？菩薩的病從大悲心而起。一般人「獨親其親，獨子其子。」菩薩「不獨親其親，不獨子其子。」中孚卦第二爻：「鳴鶴在陰，其子和之。」老吾老，幼吾幼。第五爻：「有孚攣如，无咎。」以及人之老，以及人之幼。《論語．為政篇》：「父母唯其疾之憂。」子女有任何病痛或身心的毛病，父母都會擔心憂慮，大乘菩薩對眾生亦然。

文殊師利言：「居士此室，何以空無侍者？」維摩詰言：「諸佛國土亦復皆空。」又問：「以何為空？」答曰：「以空空。」又問：「空何用空？」答曰：「以無分別空故空。」又問：「空可分別耶？」答曰：「分別亦空。」又問：「空當於何求？」答曰：「當於六十二見中求。」又問：「六十二見當於何求？」答曰：「當於諸佛解脫中求。」又問：「諸佛解脫當於何求？」答曰：「當於一切眾生心行中求。又，仁所問『何無侍者？』一切眾魔及諸外道皆吾侍也。所以者何？眾魔者樂生死，菩薩於生死而不捨；外道者樂諸見，菩薩於諸見而不動。」

文殊師利問道：「居士這臥室裡，怎麼沒有一個伺候的人呢？」維摩詰回答：「因為諸佛國土本身也是空的。」文殊師利又問：「為什麼是空的呢？」維摩詰回答：「因為本性就是空的。」文殊又問：「空何用空？」既然你說一切本性是空，那又何必再去空呢？維摩詰答道：「會這樣強調，就是要去掉一般人很難排除的分別心，才能認識到空的本性。」文殊又問：「空還可以分別嗎？」維摩詰答道：「你講的完全對，分別本身也是空的。」就是個方便法門，要人別執著，不著有，也不著空。文殊又問：「從哪裡去尋求空的道理呢？」維摩詰答道：「應當從六十二邪見中去尋求空。」文殊又問：「六十二邪見應當從哪裡去尋求？」維摩詰答道：「應當從諸佛解脫中尋求。」文殊又問：「諸佛解脫應當從哪裡尋求？」維摩詰答道：「應當從一切眾生的起心動念中尋求。另外，仁者剛才問我『怎麼沒有一個伺候的人呢？』所有的魔與外道都是我的侍者啊。為什麼呢？眾魔都沉溺在生死欲樂之中，菩薩通悟生死，又能不捨離世間而證入涅槃。一切外道沉溺在各種邪見中，菩薩不捨邪見而能不受誘惑。」要瞭解一切眾生的心念絕不容易，知人知面不知心，《易經》的變化多達四千零九十六種，你搞得清楚嗎？尤其那些有病態的更麻煩。「无妄之疾」有精神病；「係遯有疾」放不開；都得下功夫了解研究，以慈悲心儘量照顧。真理是主人，一切眾魔跟心外求法的外道都是伺候真理的，這話氣魄好大，也是透徹了解佛與魔相反相成的辯證關係。基督教《聖經》裡面的撒旦，原來不就是天使長路西法嗎？

文殊師利言：「居士所疾為何等相？」維摩詰言：「我病無形，不可見。」又問：

「此病身合耶？心合耶？」答曰：「非身合，身相離故；亦非心合，心如幻故。」又問：「地大、水大、火大、風大，於此四大，何大之病？」答曰：「是病非地大，亦不離地大。水、火、風大，亦復如是。而眾生病從四大起。以其有病，是故我病。」

文殊師利問道：「居士的疾病是甚麼症狀呢？」維摩詰答道：「我的病沒有形相，不可看見。」文殊又問：「這病在身？還是在心？」維摩詰答道：「這病不在身，因為肉身離散不真實；也不在心，心也是虛幻的假象。」又問：「地大、水大、火大、風大，與這四大中哪一大有關的病呢？」答道：「這病不在於地大，但也不脫離地大。其餘水火風三大，也是如此。」就是非水大，亦不離水大；非火大，亦不離火大；非風大，亦不離風大。「但是眾生的疾病，是從四大而起，因為他們有病，所以我也有病。」菩薩的病從眾生疾病而來，眾生疾病是從地水火風四大來的，因此我就會有病。《老子》：「知，不知，上；不知，知，病。夫唯病病，是以不病。聖人不病，以其病病，是以不病。」我們真的知道，卻謙稱不知道，這是最上等的。明明不知道，假裝知道，這是有病。只有認識到這種毛病，才不會犯病。聖人沒有這種毛病，因為他知道這是毛病，所以就沒毛病。這種修辭好像在整人，但是很有趣。

爾時，文殊師利問維摩詰言：「菩薩應云何慰喻有疾菩薩？」維摩詰言：「說身無常，不說厭離於身；說身有苦，不說樂於涅槃；說身無我，而說教導眾生；說身空寂，不說畢竟寂滅；說悔先罪，而不說入於過去。以己之疾，愍於彼疾。當識宿世無數劫苦，當念饒益一切眾生。憶所修福，念於淨命。勿生憂惱，常起精進。當作醫王，療治眾病。菩薩應如是慰喻有疾菩薩，令其歡喜。」

當時，文殊師利問維摩詰道：「菩薩應該說甚麼話來安慰生病的菩薩？」維摩詰說：「你應該說人的肉身是無常的，但是不要厭棄脫離此身；說身體有種種困苦，卻不說追求涅槃為樂；說身體沒有主宰的自我，勸說教導眾生；說此身空寂，但不勸說進入最後寂滅；說懺悔過去所犯的罪過，但是並不叫你回到過去。」回到過去幹什麼？怎麼不掌握當下！《論語·微子篇》裡楚狂勸孔子：「鳳兮鳳兮！何德之衰？往者不可諫，來者猶可追。」很多東西是過去種的因，造成我們今生的苦，可以悔過，不要糾結不休。「以己之疾，愍於彼疾。當識宿世無數劫苦，當念饒益一切眾生。」勸生病的菩薩推己及人，由自己病況之苦，憐憫其他眾生染病的苦。應當認識到自己宿世所經歷的無數苦難，好好修行以造福眾生。「憶所修福，念於淨命。勿生憂惱，常起精進。當作醫王，療治眾病。菩薩應如是慰喻有疾菩薩，令其歡喜。」應當憶念過去我們所修的福德，考慮自己本質清淨的生命，勸他不要煩惱憂慮，繼續精進修行。應當作大醫王，治療一切眾生的身心疾病。菩薩應當這樣安慰生病的菩薩，讓他心中歡喜。

文殊師利言：「居士！有疾菩薩云何調伏其心？」維摩詰言：「有疾菩薩應作是念：

『今我此病，皆從前世妄想顛倒諸煩惱生。無有實法，誰受病者？所以者何？四大合故，假名為身。四大無主，身亦無我。又此病起，皆由著我，是故於我不應生著。』既知病本，即除我想及眾生想，當起法想。應作是念：『但以眾法，合成此身，起唯法起，滅唯法滅。又此法者，各不相知，起時不言我起，滅時不言我滅。』彼有疾菩薩為滅法想，當作是念：『此法想者，亦是顛倒。顛倒者，是即大患，我應離之。』云何為『離』？離我我所。云何『離我我所』？謂離二法。云何『離二法』？謂不念內外諸法，行於平等。云何『平等』？謂我等涅槃等。所以者何？我及涅槃，此二皆空。以何為『空』？但以名字故空。如此二法，無決定性。得是平等，無有餘病，唯有空病，空病亦空。

文殊師利問道：「居士！生病的菩薩應當如何調順安穩自己的內心？」《金剛經》一開始就問：「應云何住？云何降伏其心？」是指安住真心，調伏妄念。維摩詰回答：「生病的菩薩應當這樣考慮：『今我此病，皆從前世妄想顛倒諸煩惱生。』」現在所得的病，都是從前世妄想顛倒的種種煩惱中產生，這完全是佛教的看法。《易經》的蠱卦爻辭多言：「幹父之蠱」、「裕父之蠱」、「幹母之蠱」。蠱是過去曾發生積累之事，會影響到現在與未來，父母也可以指前生。「『無有實法，誰受病者？所以者何？四大合故，假名為身。四大無主，身亦無我。又此病起，皆由著我，是故於我不應生著。』」本來就沒有實體的存在，誰來生病呢？為什麼這麼說？萬物都由地水火風四大的因緣聚合而成，身體只是個虛假的名稱。四大本身沒有主體，身體當然沒有實體的自我。這疾病之所以產生，都因執著於自我的存在，所以不應當心生執著。《老子》裡也提四大，不是地水火風，而是另外一個境界：「道大，天大，地大，王亦大。域中有四大，王居其一焉。人法地，地法天，天法道，道法自然。道本身就是自然，一切自然而然。「既知病本，即除我想及眾生想，當起法想。」既然明白了疾病的本源，就可排除對自我與眾生存在的執著，從而升起對世間諸法的認識。

「應作這樣考量：『但以眾法，合成此身，起為法起，滅為法滅。又此法者，各不相知。起時不言我起，滅時不言我滅。』這身體只是由五蘊諸法聚合而成，身體是因為法的產生而產生，一旦法滅，身體亦滅。而這諸法各自獨立不相聯繫，生起時不會宣稱生起，消滅時也不會宣告消滅。那有病的菩薩為了消除法執，應該這麼想：『這個法想也是顛倒。顛倒就是大禍患，所以還得再擺脫。』」去了我執，還要去法執，才是真正脫離顛倒夢想，才可修至究竟涅槃。甚麼是脫離？「離我我所」，我是主觀自我，我所是客觀外界，都得脫離對二端的執著，不然永遠是二元對立。怎麼叫做脫離我跟我所呢？就是要脫離二法。怎麼叫脫離二法呢？就是不執著於身內身外諸法的分別，以平等心觀照世界。甚麼叫平等呢？是說我與涅槃平等無分別。為什麼呢？因為我與涅槃二者本質皆空。為何為空？因為名稱虛假。名稱之下，二者並無確定自性。一旦領悟到這平等的深意，就不再有任何疾病，只有執著於空的毛病，其實空的本質也是空。

「是有疾菩薩以無所受而受諸受，未具佛法，亦不滅受而取證也。設身有苦，念惡趣眾生，起大悲心：『我既調伏，亦當調伏一切眾生。但除其病而不除法，為斷病本而教導之。』何謂『病本』？謂有攀緣。從有攀緣，則為病本。何所攀緣？謂之三界。云何『斷攀緣』？以無所得。若無所得，則無攀緣。何謂『無所得』？謂離二見。何謂『二見』？謂內見外見。是『無所得』。文殊師利！是為有疾菩薩調伏其心，為斷老病死苦，是菩薩菩提。若不如是，已所修治為無慧利，譬如勝怨，乃可為勇；如是兼除老病死者，菩薩之謂也。」

「是有疾菩薩以無所受而受諸受，未具佛法，亦不滅受而取證也。」受為內心對外界的感受，有苦、樂、捨三受。捨是不苦不樂皆捨離的感受。這有病的菩薩以無所受的心意而受樂、受苦、受捨。當他還沒有真正修成佛果時，並不斷滅三受而證得果報。「設身有苦，念惡趣眾生，起大悲心：『我既調伏，亦當調伏一切眾生。但除其病而不除法，為斷病本而教導之。』」眾生的病在於真假顛倒，種種妄想偏見，而不在於法。法的本質為空，無可破除，要破除的只是眾生的妄想之病。无妄卦居君位的第五爻：「无妄之疾，勿藥有喜。」爻變為噬嗑卦，殘酷鬥爭皆由妄念妄想而來。當有病菩薩身受痛苦的時候，要憐憫在惡道中輪迴的眾生，發大悲心想道：「我自己的心意已調順安穩，應當令一切眾生的心意也調順安穩。應當去除的是他們的妄念，而不是除去諸法，要斷除疾病的本源來教導他們。」

甚麼是疾病的本源呢？就是攀緣依附，攀名、攀利、攀權、攀色。只要有攀緣依附心，就是疾病的本源。攀緣依附甚麼呢？就是欲界、色界、無色界的三界。怎樣才能斷絕攀緣呢？要了解「無所得」的道理，根本白費功夫，攀緣能得到什麼？如果了解甚麼都得不到，就不會再有攀緣。甚麼叫無所得？就是要脫離二見。什麼是「二見」？就是內執著自我，外執著諸法。若能脫離這二種執著的見解，就能「無所得」。

文殊師利！這就是有病的菩薩調順安穩自己的心意，並且斷滅眾生的老病死苦的法門，就是菩薩的覺悟之道。如果不按照這種方法修行，前面已修的不會有任何受益。「譬如勝怨，乃可為勇；如是兼除老病死者，菩薩之謂也。」譬如人生要戰勝怨仇，才稱得上勇猛；像這樣，同時除滅眾生的老病死苦，才能稱為真正的菩薩啊！《老子》：「和大怨，必有餘怨，安可以為善？」

人生到處都有冤親債主會結怨，要有很大的勇氣才能化解，戰勝心魔，廣結善緣。有病的菩薩自身得病，現身體驗之後就有推己及人、兼善天下的想法。謙字為言之兼，兼顧天地人鬼神各方的利益，故能圓善有終。艮卦止欲修行，〈大象傳〉：「兼山艮，君子以思不出其位。」上爻爻辭：「敦艮，吉。」〈小象傳〉：「以厚終也。」爻變即為謙卦，自身得道且兼善眾生。

前面說人生必有所受，或苦或樂或捨。咸卦為下經人間世的第一卦，即言人人皆有各種感受，〈大象傳〉：「山上有澤，君子以虛受人。」〈彖傳〉：「天地感而萬物化生，聖人感人心而天下和平。觀其所感，而天地萬物之情可見矣！」一切自然而然，無所受而受諸受，亦不滅受而取證，才是大慈大悲的菩薩行。上經以乾、坤開天闢地為首，坎、離遍歷憂患文明永續為終，坎、離二卦都有攀緣之象。〈序卦傳〉：「坎者，陷也。陷必有所麗，故受之以離。離者，麗也。」麗為附麗相依從，就是攀緣。離中虛，網路孔目相連，大於孔徑合乎規範的落網，即可有所定位，與周遭事物產生相互攀緣的關係；小於孔徑不合規範的流失，即無所攀緣，這就產生有得有失的結果。晉上卦為離，第五爻居君位網路中心，爻辭：「失得勿恤，往吉，无不利。」勸人不要太在意得失，坦蕩前行無所不利。不然爻變成否卦，立刻否塞不通。上爻「晉其角」，如果一味攀緣太在意得失，反而「貞吝」一無所得而致窮途，〈小象傳〉：「道未光也。」噬嗑上卦為離，第五爻居君位，爻辭稱：「得黃金。」第四爻居重臣之位，爻辭稱：「得金矢。」在權錢鬥爭的修羅場中靠著相互攀緣而大有利得。

《心經》垂示：「無智亦無得，以無所得故。」又稱：「遠離顛倒夢想，究竟涅槃。」無所得是甚麼境界？什麼是顛倒夢想，為什麼要遠離，如何遠離？二者我都算過，都與大壯卦有關。顛倒夢想是大壯第三爻，爻辭：「小人用壯，君子用罔，貞厲。羝羊觸藩，羸其角。」爻變為歸妹卦，卦辭：「征凶，无攸利。」發情的公羊往前衝，碰到藩籬衝不破，把角給弄傷了。少壯血氣方剛，感情衝動，就是如此。歸妹是懷春少女衝動出嫁，結果未締良緣一場空。修養不夠、心浮氣躁的世間男女每每如此。大壯卦辭：「利貞。」〈大象傳〉：「君子以非禮弗履。」〈雜卦傳〉：「大壯則止。」君子按捺得住則無事，小人縱慾就受傷。「無所得」是大壯第四爻，爻辭：「貞吉，悔亡。藩決不羸，壯于大輿之輹。」爻變是泰卦，四陽前臨二陰，看似前途通暢，多半往前衝刺。結果第五爻：「喪羊于易。」上爻：「羝羊觸藩，不能退，不能遂，无攸利。」

這就是畢竟無所得。

彼有疾菩薩復應作是念：「如我此病非真非有，眾生病亦非真非有。」作是觀時，於諸眾生若起愛見大悲，即應捨離。所以者何？菩薩斷除客塵煩惱而起大悲。愛見悲者，則於生死有疲厭心；若能離此，無有疲厭。在在所生，不為愛見之所覆也。所生無縛，能為眾生說法解縛。如佛所說：「若自有縛，能解彼縛，無有是處；若自無縛，能解彼縛，斯有是處。」是故菩薩不應起縛。

那有病的菩薩又應當這樣考慮：「正如我這疾病並非真實存在，眾生的病也非真實存在。」當他這樣觀照時，如果由於愛念眾生而起大悲之心，應當立刻捨棄脫離。為甚麼呢？「菩薩斷除客塵煩惱而起大悲。愛見悲者，則於生死有疲厭心；若能離此，無有疲厭。在在所生，不為愛見之所覆也。所生無縛，能為眾生說法解縛。」塵垢煩惱並非內心原有，而是外界對內心的干擾，故而稱為客塵。王維的詩句：「渭城朝雨浥輕塵，客舍青青柳色新。」他自號摩詰，詩中就有客塵的意境。《楞嚴經》裡有段名言：「落愛見坑，失菩提路。」愛見是因愛念而有的見解，通常偏頗不正，人一旦落入這坑陷裡難以自拔，就失去了修行的正道。坎卦初爻：「習坎，入于坎窞，凶。」〈小象傳〉：「失道凶也。」坎窞就是深坑，一旦陷入很難脫身。上爻：「係用徽纆，寘于叢棘，三歲不得，凶。」〈小象傳〉：「上六失道，凶三歲也。」身上被牢牢的麻繩捆綁，丟到荊棘叢中刺得渾身流血，長期不能掙脫。菩薩應當為了斷除外界塵緣煩惱而起大悲心，如果由於愛念而悲憫眾生，就不免對生死有疲憊厭倦之心；若能脫離這種愛念，便不會再有厭倦。菩薩所生起的種種心意，不為愛憎偏見所障蔽。因為自己不被偏見所束縛，才能為眾生說法，解脫他們的束縛。恒卦為處亂世的憂患九卦之一，〈繫辭傳〉：「恒，德之固也；恒，雜而不厭。恒以一德。」菩薩固守本心，永不厭倦度化眾生。

如佛所說：「若自有縛，能解彼縛，無有是處；若自無縛，能解彼縛，斯有是處。」是故菩薩不應起縛。正如佛所說：「如果自己受束縛，卻能幫別人解脫束縛，沒有這種道理。如果自己沒有束縛，才能幫別人解脫束縛，這才合乎事理。」因此菩薩不應當被束縛。

何謂「縛」？何謂「解」？貪著禪味，是菩薩縛；以方便生，是菩薩解。又，無方便，慧，縛；有方便，慧，解。無慧，方便，縛；有慧，方便，解。何謂「無方便慧縛」？謂菩薩以愛見心莊嚴佛土成就眾生，於空無相無作法中而自調伏，是名「無方便慧縛」。何謂「有方便慧解」？謂不以愛見心莊嚴佛土成就眾生，於空無相無作法中以自調伏而不疲厭，是名「有方便慧解」。何謂「無慧方便縛」？謂菩薩住貪欲、嗔恚、邪見等諸煩惱，而殖眾德本，是名「無慧方便縛」。何謂「有慧方便解」？謂離諸貪欲、嗔恚、邪見等諸煩惱，而殖眾德本，迴向阿耨多羅三藐三菩提，是名「有慧方便解」。

甚麼叫做束縛？甚麼叫做解脫？貪戀執著於禪修的滋味，這就是菩薩的束縛；以方便救度眾生，就是菩薩的解脫。此外，如果不能方便度化眾生，只有通達實相的智慧，這就是束縛；如果既能方便度化眾生，又有通達實相的智慧，這就是解脫。如果沒有通達實相的智慧，只會以方便度化眾生，也是束縛；如果具備通達實相的智慧，又能方便度化眾生，也是解脫。甚麼叫做「無方便慧縛」？是說菩薩以愛見之心莊嚴佛土，成就眾生，在空、無相、無作三解脫門中，自己調順安穩內心，這就叫做「無方便慧縛」。甚麼叫做「有方便慧解」呢？這是說菩薩不以愛見之心莊嚴佛土，成就眾生，在空、無相、無作三解脫門中，自己調順安穩內心，而不對生死產生疲憊厭倦，這就叫做「有方便慧解」。何謂「無慧方便縛」？這是說菩薩留住在貪欲、嗔恚、邪見等各種煩惱中，而能廣度眾生修行德業，這就叫做「無慧方便縛」。甚麼叫做「有慧方便解」？這是說菩薩擺脫了貪欲、嗔恚、邪見等各種煩惱，廣度眾生修行德業，迴向無上正等正覺，這就叫做「有慧方便解」。

文殊師利！彼有疾菩薩應如是觀諸法。又復觀身無常、苦、空、非我，是名為慧；雖身有疾，常在生死，饒益一切而不厭倦，是名方便。又復觀身，身不離病，病不離身，是病是身，非新非故，是名為慧。設身有疾，而不永滅，是名方便。

文殊師利！那有病的菩薩應當這樣觀照世間諸法。此外，應當觀照肉身無常、苦、空、非我，這才叫通達智慧；雖然身體有病，不脫離生死，饒益眾生而不厭倦，這才是方便度化。還應當觀照自身，身體不脫離疾病，疾病不脫離身體，就是方便度化。《老子》：「致虛極，守靜篤，萬物並作，吾以觀復。」觀卦冷靜深入觀察，復卦體現天地之心，儒釋道三教都重視觀身觀心觀萬化之源。

文殊師利！有疾菩薩應如是調伏其心：不住其中，亦復不住不調伏心。所以者何？若住不調伏心，是愚人法；若住調伏心，是聲聞法。是故菩薩不當住於調伏不調伏心。離此二法，是菩薩行。在於生死，不為汙行；住於涅槃，不永滅度，是菩薩行。非凡夫行，非賢聖行，是菩薩行。非垢行，非淨行，是菩薩行。雖過魔行，而現降伏眾魔，是菩薩行。求一切智，無非時求，是菩薩行。

文殊師利！有病的菩薩應當這樣調順安穩自己的心意：既不處在調順安穩的心意中，也不處在沒有調順安穩的心意中，為什麼呢？若處在沒有調順安穩的心意中，只是愚昧無知的凡人；若處在已調順安穩的心意中，這是聲聞小乘。未調伏、已調伏都不要住，菩薩不應當處在調伏跟不調伏的心意中，徹底擺脫這兩端才是菩薩修行之道。在生死輪迴中不被塵緣所汙染，絕不胡作非為，處於涅槃之中也不追求永遠的滅度，以便接近眾生，這才是菩薩的修行之道。再說透了，不住生死也不住涅槃，一切無所住，行於布施。既不同於凡人所為，也不同於聖賢的自我標榜清高，這才是菩薩的修行之道。伯夷、叔齊為聖之清者，潔身自好卻沒有大的作為。所作所為並非污穢，也非一味清淨，這才是菩薩的修行。《心經》：「不垢不淨。」《老子》：「和其光，同其塵。」雖然早已不被魔怨纏繞，卻可顯現魔怨之相以降伏之，這才是菩薩的修行。菩薩要降魔，必須懂魔，可以現魔相以點化群魔。這就是觀音菩薩現身說法，也號「面燃大士」的緣故。《法華經．觀世音普門行願品第二十五》有詳盡說明。正因如此，維摩詰自己淡定，可通收魔王所帶來的一萬二千天女，完全不受影響。「求一切智，無非時求，是菩薩行。」這是何意？一切智就是佛智，為究竟的智慧，菩薩還辦不到，所以嚮往追求，但須注意不要急著成佛。因為時候還沒有到，梅子還沒有成熟，修行未滿，不能強求。六祖一到五祖那邊就說，我就想做佛，但是時候不到也不行，後面待了快二十年才功德圓滿。另外的解釋是隨時隨地都要求證最高智慧，才是菩薩的修行之道，雖不能至，心嚮往之。

非時求就是急功近利，才耕耘一年的心田，就希望有三年的收穫，无妄卦第二爻：「不耕穫，不菑畬，則利有攸往。」爻變是履卦，腳踏實地修行，不要躐等躁進。《易經》的道理就是隨時而務實，〈彖傳〉稱述甚詳：坎、睽、蹇為「時用大矣哉」；頤、大過、解、革為「時大矣哉」；豫、遯、姤、旅為「時義大矣哉」；隨卦總結為「隨時之義大矣哉」。无妄卦〈大象傳〉即稱：「先王以茂對時育萬物。」

雖觀諸法不生，而不入正位，是菩薩行。雖觀十二緣起，而入諸邪見，是菩薩行。雖

攝一切眾生，而不愛著，是菩薩行。雖樂遠離，而不依身心盡，是菩薩行。雖行三界，而不壞法性，是菩薩行。雖行於空，而殖眾德本，是菩薩行。雖行無相而度眾生，是菩薩行。雖行無作，而現受身，是菩薩行。雖行無起，而起一切善行，是菩薩行。雖行六波羅蜜，而徧知眾生心心數法，是菩薩行。雖行六通，而不盡漏，是菩薩行。雖行四無量心，而不貪著生於梵世，是菩薩行。雖行禪定解脫三昧，而不隨禪生，是菩薩行。雖行四念處，而不永離身受心法，是菩薩行。雖行四正勤，而不捨身心精進，是菩薩行。雖行四如意足，而得自在神通，是菩薩行。雖行五根，而分別眾生諸根利鈍，是菩薩行。雖行五力，而樂求佛十力，是菩薩行。雖行七覺分，而分別佛之智慧，是菩薩行。雖行八聖道，而樂行無量佛道，是菩薩行。雖行止觀助道之法，而不畢竟墮於寂滅，是菩薩行。雖行諸法不生不滅，而以相好莊嚴其身，是菩薩行。雖現聲聞辟支佛的威儀，而不捨佛法，是菩薩行。雖隨諸法究竟淨相，而隨所應為現其身，是菩薩行。雖觀諸佛國土永寂如空，而現種種清淨佛土，是菩薩行。雖得佛道轉於法輪入於涅槃，而不捨於菩薩之道，是菩薩行。

說是語時，文殊師利所將大眾，其中八千天子，皆發阿耨多羅三藐三菩提心。

雖然認識到世間一切無生無滅，卻不證入涅槃正果，才是菩薩的修行之道，正位就是涅槃寂靜。雖然透徹瞭解十二緣起的真諦，卻仍在六十二種邪見之中，才是菩薩的修行之道。雖攝受護持一切眾生，卻不會有愛念執著之心，才是菩薩的修行之道。雖樂於遠離生死世間，卻不追求身心盡滅，才是菩薩的修行之道。《心經》：「無老死，亦無老死盡。」就是不依身心盡。雖然行於三界之中，卻不迷失法性，才是菩薩的修行之道。雖修行空的法門，卻培植一切功德，才是菩薩的修行之道。雖修行無相的法門，卻超度眾生，才是菩薩的修行之道。雖修行無作的法門，卻現受身於輪迴之中，才是菩薩的修行之道。雖修行無起的法門，卻發起一切善行，才是菩薩的修行之道。無起即無生，凡夫動輒起心動念偏有，小乘不起心動念偏空，菩薩提起即用，放下便休，起與不起，了無罣礙。

六波羅蜜即布施、持戒、忍辱、精進、禪定、智慧六度，雖然修行六度又能遍知眾生心跟心數法，才是菩薩的修行之道。心數法也叫心所法，非常繁複，唯識宗的八識，每一識都由心和許多心所聚成。心是主體，心所是認知的對象，心的主體發出來的種種作用就叫心所。六通是六種神通，漏是煩惱，雖然修六神通，並不除盡煩惱，才是菩薩的修行之道。雖行慈悲喜捨四無量心，而不貪戀執著生於清淨梵天，才是菩薩的修行之道。雖然修行禪定解脫三昧，三昧就是大定，卻不隨禪定所獲果報而相應受生於來世，才是菩薩的修行之道。雖然修行四念處，卻不追求永遠脫離身受心法，才是菩薩的修行之道。四念處是身念處、受念處、心念處、法念處。雖然修行四正勤，卻不捨棄身心精進而入無為，才是菩薩的修行之道。四正勤是未生善令生、已生善令增長、未生惡令不生、已生惡令斷。雖然修行四如意足，卻已經如意變化神通無礙，才是菩薩的修行之道。四如意足是欲如意足、念如意足、精進如意足、慧如意足，足是滿足之意。雖然自身修行五根，又善於分辨眾生的根性利鈍，才是菩薩的修行之道。雖然修行五力，卻樂於追求佛的十力，才是菩薩的修行之道。雖然修行七覺分，又善於分別佛的種種智慧，才是菩薩的修行之道。雖然修行八聖道，還樂於追求無限深奧的佛道，才是菩薩的修行之道。

雖然修行止觀法門以助道之法，而不畢竟墮於寂滅，才是菩薩的修行之道。雖然修行佛法，領悟到一切不生不滅，卻又展現美妙莊嚴的形相，才是菩薩的修行之道。雖然顯現聲聞辟支佛的威儀，而不背離大乘佛法，才是菩薩的修行之道。雖然依隨諸法究竟的清淨本質，還是順應眾生的願望而現身說法，才是菩薩的修行之道。雖然領悟到諸佛國土永恆寂滅為空，又顯現種種清淨佛土，才是菩薩的修行之道。雖然已經證得佛道，運轉法輪進入涅槃，卻不捨棄菩薩道法，才是菩薩的修行之道。

當維摩詰這樣說法時，文殊師利所率領的大眾中，八千天子都發心求取無上正等正覺。

不思議品第六

爾時，舍利弗見此室中無有床座，作是念：「斯諸菩薩大弟子眾，當於何坐？」

長者維摩詰知其意，語舍利弗言：「云何仁者？為法來耶？求床座耶？」

舍利弗言：「我為法來，非為床座。」

維摩詰言：「唯！舍利弗。夫求法者不貪軀命，何況床座？夫求法者，非有色、受、想、行、識之求，非有界、入之求，非有欲、色、無色之求。唯！舍利弗。夫求法者，不著佛求，不著法求，不著眾求。夫求法者，無見苦求，無斷集求，無造盡證、修道之求。所以者何？法無戲論。若言『我當見苦、斷集、證滅、修道』，是則戲論，非求法也。」

那時，舍利弗看到斗室中沒有擺設座位，便想道：「這麼多菩薩和大弟子，應當坐在哪裡呢？」長者維摩詰察覺到舍利弗的心意，就對他說：「仁者舍利弗，你來這邊是求法，還是求座位呢？」

舍利弗說：「我是為求法來的，並非為了座位。」我們以前在毓老師那兒聽經幾十年，地下室很燠熱，沒有冷氣，同學無論老少都是坐那種沒有扶手的小板凳，沒有貪舒服的。社會上有不少人喜歡一窩蜂跑各種道場或法會，究竟是求取智慧？還是排遣寂寞呢？而從政者跑攤，是真心為民造福還是貪求權位呢？

維摩詰道：「呵！舍利弗。求法者應當連自己的身軀性命都不貪戀，何況座位呢？」《六祖壇經》記載，五祖夜裡去碓坊探視六祖，看他在那邊推磨舂米，說道：「求道之人為法忘軀，當如是乎！」「求法者沒有對色、受、想、行、識五蘊的欲求，沒有對十八界、十二入的欲求，也沒有對欲界、色界、無色界等三界的欲求。呵！舍利弗。求法者不執著於求佛，不執著於求法，不執著於求僧眾。求法者沒有強求認識『苦』，不強求斷絕『集』，不強求為了除『滅』苦集而修『道』，這是四聖諦。為什麼呢？佛法沒有荒誕無理的言論。如果說『我應當見苦、斷集、證滅、修道』，這是荒誕無理的言論，不是真正的求法。」《心經》：「無苦集滅道，無智亦無得，以無所得故。」很多的理論經不起分析推證，就叫戲論。

「唯！舍利弗。法名寂滅，若行生滅，是求生滅，非求法也。法名無染，若染於法，乃至涅槃，是則染著，非求法也。法無行處，若行於法，是則行處，非求法也。法無取捨，若取捨法，是則取捨，非求法也。法無處所，若著處所，是則著處，非求法也。法名無相，若隨相識，是則求相，非求法也。法不可住，若住於法，是則住法，非求法也。法不可見、聞、覺、知，若行見、聞、覺、知，則是見、聞、覺、知，非求法也。法名無為，若行有為，是求有為，非求法也。是故舍利弗！若求法者，於一切法應無所求。」

說是語時，五百天子於諸法中得法眼淨。

「呵！舍利弗。法的名字是寂滅，如果修行生滅之法，那是追求生滅，不是求法。法的名字是無染，如果沾染執著於求法，乃至求涅槃，那是求執著，而不是求法。法不分各種修行境界，如果宣稱修行佛法，那是修行境界，不是求法。法是無取無捨，如果對法有所取捨，那是取捨，不是求法。法沒有確定處所，如果執著法在何處，就是執著處所，不是求法。法是無相，如果追隨形相去求法，那是追求表相，不是求法。法不可能留住，若說能修法而留住，那是妄想留住法，而不是求法。法不可能被看見、聽聞、察覺、認知，若以為可看見、聽聞、察覺、認知，就是看見、聽聞、察覺、認知，不是求法。法是無為，若有所修行作為，那是追求有為，不是求法。所以，舍利弗啊！若是真正求法者，對一切法應無所追求。」

凡夫是肉眼，往上開天眼，再上是慧眼、法眼與佛眼。當維摩詰這樣說法時，五百天子就得到了法眼淨，了悟菩薩境界。

爾時，長者維摩詰問文殊師利：「仁者遊於無量千萬億阿僧祇國，何等佛土有好上妙功德成就師子之座？」文殊師利言：「居士，東方度三十六恆河沙國，有世界名『須彌相』，其佛號須彌燈王，今現在。彼佛身長八萬四千由旬，其師子座高八萬四千由旬，嚴飾第一。」

這時，長者維摩詰問文殊師利：「仁者遊歷過無量千萬億阿僧祇數的國度，哪個佛土擁有最美妙功德圓滿的師子寶座？」文殊師利答：「居士，往東方經過三十六恆河沙數的國度，有個世界名為『須彌相』，有佛號為須彌燈王，如今正在世上。那佛身長八萬四千由旬，他的師子寶座也高八萬四千由旬，裝飾得最為莊嚴美好。」

由旬到底是多長？有人說三十里，有人說四十里，軍隊一天行軍的距離就叫由旬，不會太短。須彌燈王身高八萬四千由旬，遠遠超過珠穆朗瑪峰，人這麼高座位當然就得高，這是佛經的神話。

於是長者維摩詰現神通力，即時彼佛遣三萬二千師子座，高廣嚴淨，來入維摩詰室，諸菩薩、大弟子、釋、梵、四天王等，昔所未見。其室廣博，悉皆包容三萬二千師子座，無所妨礙；於毗耶離城及閻浮提四天下，亦不迫迮，悉見如故。

於是長者維摩詰展現乾坤大挪移的神通，那須彌相佛立刻遣送三萬兩千座位到維摩詰的斗室，高大寬廣，莊嚴清淨，各位菩薩及大弟子、帝釋、梵天、四天王等所未見到過。小小的臥室居然全部裝得下三萬兩千師子座，毫不妨礙，相對於所處的毗耶離城及閻浮提四天下，也不侷促，一切如同原狀。這就是所謂的「須彌納芥子」，不可思議，世俗的空間大小不存在了。大畜卦即為此象，〈大象傳〉稱：「天在山中，君子以多識前言往行，以畜其德。」天遠大於山，山中卻可涵容天；人有心識，可認知無量無邊的信息轉化為高明的智慧。大畜之前為无妄，再前為復卦，〈彖傳〉稱：「復其見天地之心乎！」人的本心就是天心，只要真誠不欺，能量之大確實不可思議。

爾時，維摩詰語文殊師利：「就師子座，與諸菩薩上人俱坐，當自立身，如彼座像。」其得神通菩薩，即自變形為四萬二千由旬，坐師子座。諸新發意菩薩及大弟子皆不能升。爾時，維摩詰語舍利弗：「就師子座。」舍利弗言：「居士，此座高廣，吾不能升。」維摩詰言：「唯，舍利弗！為須彌燈王如來作禮，乃可得坐。」於是新發意菩薩及大弟子即為須彌燈王如來作禮，便得坐師子座。

舍利弗言：「居士！未曾有也。如是小室，乃容受此高廣之座，於毗耶離城無所妨礙，又於閻浮提聚落城邑及四天下諸天龍王鬼神宮殿，亦不迫迮。」

那時，維摩詰對文殊師利說道：「請就師子座吧，和諸位菩薩上人一同就座，請你們自己變化身形，和寶座大小相合。」於是那些有神通的菩薩就變為四萬二千由旬的高度，坐進師子座中，客座是主座的一半高。那些新發願的菩薩及各大弟子功力還不夠，都無法上座。家人卦初爻：「閑有家，悔亡。」〈小象傳〉：「志未變也。」閑是門檻，想進廟門參拜要跨得過門檻，團體吸收會員必得保證是同志，所謂「不是一家人，不入一家門。」大畜卦第三爻：「良馬逐，利艱貞。日閑輿衛，利有攸往。」〈小象傳〉：「上合志也。」乘馬奔馳追逐人生理想，必須天天刻苦勤練戰技，才有成功希望。〈文言傳〉解乾卦第二爻「見龍在田」稱：「閑邪存其誠。」皆為此意。

那時，維摩詰又對舍利弗說道：「請就師子寶座吧。」舍利弗說道：「居士！這寶座太高太大，我坐不上去。」維摩詰說道：「呵，舍利弗！你要先向須彌燈王如來行禮，才能夠坐上去。」於是那些新發願的菩薩及大弟子都向須彌燈王如來行禮，都坐上了師子座。舍利弗讚嘆道：「居士！真是未曾有過的奇蹟啊。這麼狹小的臥室，竟然裝得下這麼多高大寬廣的寶座，相對於毗耶離城也無妨礙，還有閻浮提洲中的村落城鎮，以及四天下諸天、龍王、鬼神宮殿，也不顯得侷促。」

維摩詰言：「唯！舍利弗，諸佛菩薩有解脫名『不可思議』。若菩薩住世解脫者，以須彌之高廣內芥子中，無所增減，須彌山王本相如故，而四天王忉利諸天不覺不知已之所入，唯應度者乃見須彌入芥子中，是名不可思議解脫法門。又以四大海水入一毛孔，不嬈魚螢黿鼉水性之屬，而彼大海本相如故，諸龍鬼神阿修羅等不覺不知己之所入，於此眾生亦無所嬈。又，舍利弗！住不可思議的解脫菩薩，斷取三千大千世界如陶家輪，著右掌中擲過恆沙世界之外，其中眾生不覺不知已之所往；又復還至本處，都不使人有往來想，而此世界本相如故。又，舍利弗！或有眾生樂久住世而可度者，菩薩即演七日以為一劫，令彼眾生謂之一劫；或有眾生不樂久住而可度者，菩薩即促一劫以為七日，令彼眾生謂之七日。」

維摩詰說道：「呵！舍利弗。諸佛菩薩有解脫法門，稱為不可思議。若菩薩住此解脫境界時，即使將高聳廣大的須彌山，裝進芥子這類小種子中，二者都不會增大或減小，須彌山王的形相和原來一樣，而四天王和忉利諸天都未察覺自已被移入芥子中，只有被度化者才能看見須彌山被裝進芥子中，這就叫作不可思議解脫法門。」渙卦第四爻：「渙其群，元吉。渙有丘，匪夷所思。」〈小象傳〉稱：「光大也。」渙為化散，無論小群或大山丘都可化散超越，就是這種神通境界。《金剛經》所稱：「無我相，無人相，無眾生相，無壽者相。」與此相通。

「同樣，如果將四大海水灌入一毛孔當中，不會妨礙到魚、鱉、黿、鼉這些水族的自由，現在把我們整個海水灌到一個小毛孔裡面，而大海水的形相和本來一樣，諸龍、鬼、神、阿修羅等，都未察覺自已被移入毛孔中，這些眾生的行動也不會互相妨礙。還有，舍利弗！住不可思議解脫法門中的菩薩，他斷取三千大千世界猶如製陶工人的轉輪，將其放在右掌中，擲出恆河沙數的世界之外，而這世界裡的眾生也沒有察覺被扔出去如此遙遠；然後菩薩再把世界放回原處來，其中眾生都不會發現來回的旅途，而世界的形相和原來完全一樣。」

「還有，舍利弗！如果有些眾生貪戀長住世間，但仍然可以度化，菩薩便延長時間，讓他們以為七天便是一劫。如果有眾生厭倦長留世間，但仍然可以度化，菩薩便縮短時間，讓他們以為一劫便是七天。」這就是「七日來復」的自然規律，復見天地之心，都是心的妙用。

「又，舍利弗！住不可思議的解脫菩薩，以一切佛土嚴飾之事，集在一國，示於眾生。又菩薩以一切佛土眾生置之右掌，飛到十方，偏示一切，而不動本處。又，舍利弗！十方眾生供養諸佛之具，菩薩於一毛孔皆令得見；又十方國土所有日月星宿，於一毛孔普使見之。又，舍利弗！十方世界所有諸風，菩薩悉能吸著口中而身無損，外諸樹木亦不摧折；又十方世界劫盡燒時，以一切火內於腹中，火事如故而不為害。又，取一佛土舉著上方，過恆河沙無數世界，如持針鋒舉一棗葉而無所嬈。又，舍利弗！住不可思議得解脫菩薩，能以神通現作佛身，或現辟支佛身，或現聲聞身，或現帝釋身，或現梵王身，或現世主身，或現轉輪聖王身；又十方世界所有眾聲，上、中、下音皆能變之，令作佛聲，演出無常、苦、空、無我之音，及十方諸佛所說種種之法，皆於其中普令得聞。舍利弗！我今略說菩薩不可思議解脫之力，若廣說者，窮劫不盡。」

「還有，舍利弗！住不可思議解脫法門的菩薩，能夠將一切佛土上的美妙裝飾集中在一國內，展示於眾生前。菩薩又能將一切佛土的眾生統統擺在他的右掌上，飛到十方，將一切展示於前，可是佛土眾生好像待在原地沒動，完全不受驚擾。還有，舍利弗！十方眾生供養諸佛的所有器物，菩薩能讓其完全顯現在一個毛孔之中；十方國土所有的日月星宿，也能顯現於一毛孔中，讓大家都看到。還有，舍利弗！十方世界所有的風，菩薩都能吸納在口中，而不損壞身體，外界的樹木也不被風摧折。當十方世界劫盡火燒時，菩薩能將劫火吞納於腹中，大火繼續燃燒他也不會被燒傷。」照佛經的預言，世界末日時有三災八難，劫火就是離卦的第四爻：「突如其來如，焚如、死如、棄如。」有高深修為的人不懼劫災，《老子》：「蓋聞善攝生者，陸行不遇兕虎，入軍不被甲兵。兕無所投其角，虎無所措其爪，兵無所容其刃，夫何故？以其無死地。」《莊子．大宗師篇》講古之真人：「登高不慄，入水不濡，入火不熱。」這樣的說法在儒家的經典中絕對看不到，就算是象徵也不講。

「菩薩於下方經過恆河沙數的諸佛世界，截取一方佛土高舉於上，走過恆河沙數的無量世界，就像拿針尖承舉一片小棗葉，輕巧無所阻礙。還有，舍利弗！住不可思議解脫法門的菩薩，能以神通變化顯現作佛身，或顯現辟支佛身，或顯現聲聞身，或顯現帝釋身，或顯現梵天王身，或顯現世間君王身，或顯現轉輪聖王身。十方世界上中下等的種種聲音，都能轉變成清淨的佛聲，演出無常、苦、空、無我的說法之音。此外，十方諸佛種種說法的言辭聲音，皆可在世間上被大眾聽到。舍利弗！我現在只是簡略描述菩薩不可思議的解脫神力，若是廣泛詳細陳述，窮盡一劫的時光也無法說盡。」〈繫辭傳〉稱：「書不盡言，言不盡意，然則聖人之意其不可見乎？聖人立象以盡意，設卦以盡情偽，繫辭焉以盡其言，變而通之以盡利，鼓之舞之以盡神。」語言文字有其限制，卦爻象徵卻可巧妙表達真理，菩薩種種神通也是某種象徵的說法，期待聽者能大徹大悟。

是時，大迦葉聞說菩薩不可思議解說法門，歎未曾有，謂舍利弗：「譬如有人，於盲者前現眾色像，非彼所見；一切聲聞，聞是不可思議解脫法門，不能解了，為若此也。智者聞是，其誰不發阿耨多羅三藐三菩提心？我等何為？永絕其根，於此大乘，已如敗種。一切聲聞，聞是不可思議解脫法門，皆應號泣，聲震三千大千世界；一切菩薩，應大欣慶頂受此法。若有菩薩信解不可思議解脫法門者，一切魔眾無如之何。」

大迦葉說此語時，三萬二千天子皆發阿耨多羅三藐三菩提心。

這時，大迦葉聽到維摩詰陳述菩薩的不可思議解說法門，讚歎這是從未有過的奇蹟，便對舍利弗說道：「譬如有人，在盲人面前顯現各種形象，盲人當然無法看到；一切聲聞弟子，聽到如此不可思議的解脫法門，不能理解，和此類似。如果真正有大智慧的人聽到，有誰會不發心求取無上正等正覺呢？我們還能如何作為？我們對於這大乘之道，已如腐敗的種子一樣，永遠斷絕了生根發芽的希望。一切聲聞弟子，聽到如此不可思議的解脫法門，都應當呼號哭泣，哭聲震動三千大千世界。一切菩薩都應當皆大歡喜，頂禮接受這正法。若是菩薩相信而領悟了這種不可思議的解脫法門，什麼魔都對他無可奈何。」當大迦葉說這話時，三萬二千位天子都發起求無上正等正覺之心。佛經上常以焦芽敗種罵人根柢差，自暴自棄不堪承教。《論語．公冶長篇》記孔子痛罵宰予晝寢：「朽木不可雕也，糞土之牆不可杇也！」與此類似。

爾時，維摩詰語大迦葉：「仁者！十方無量阿僧祇世界中作魔王者，多是住不可思議解脫菩薩，以方便力教化眾生，現作魔王。又，迦葉！十方無量菩薩，或有人從乞手足耳鼻、頭目髓腦、血肉皮骨、聚落城邑、妻子奴婢、象馬車乘、金銀琉璃、硨磲瑪瑙、珊瑚琥珀、真珠珂貝、衣服飲食，如此乞者，多是住不可思議解脫菩薩，以方便力而往試之，令其堅固。所以者何？住不可思議解脫菩薩，有威德力，現行逼迫，示諸眾生如是難事。凡夫下劣，無有力勢，不能如是逼迫菩薩，譬如龍象蹴踏，非驢所堪。是名住不可思議解脫菩薩智慧方便之門。」

這時，維摩詰對大迦葉說道：「仁者啊！在十方上下無量阿僧祇世界中的魔王，大多是住不可思議解脫法門的菩薩，為了方便教化眾生而現身為魔王。此外，迦葉！或者有人向十方無量菩薩乞討，望其布施手足耳鼻、頭目髓腦、血肉皮骨、聚落城邑、妻子奴婢、象馬車乘、金銀琉璃、硨磲瑪瑙、珊瑚琥珀、真珠珂貝、衣服飲食，這些乞討人是誰呢？大多也是住不可思議解脫菩薩，以方便法門去考驗布施的菩薩，使其修道之心堅固。為什麼呢？因為住不可思議解脫菩薩有威儀功德，故意逼迫那些號稱要布施的菩薩，來向眾生展示這樣困難的事情。一般的凡夫俗子卑賤劣弱，沒有強大的力量威勢能這樣來考驗那些號稱要布施的菩薩。正如神龍巨象的踐踏，非驢子所能承受。這就叫做住於不可思議解脫菩薩的智慧方便之門。」《論語．公冶長篇》記子路之志：「願車馬、衣輕裘，與朋友共，敝之而無憾。」這是布施象馬車乘與衣服飲食，都是身外之物。其他金銀財寶都是財布施，佛祖前生割肉餵鷹，以及昔為歌利王割截身體節節支解時，則是手足耳鼻、頭目髓腦、血肉皮骨，可就太難了！

噬嗑卦弱肉強食，殺機充盈為魔相；其後相綜一體的賁卦，文飾包裝以期人文化成為佛相。菩薩可扮演魔以達到度化目的。復卦見天地之心為佛相，第三爻：「頻復，厲，无咎。」〈小象傳〉：「義无咎也。」爻變為明夷卦，成了黑暗之心為魔相。明夷卦第三爻：「明夷于南狩，得其大首。」〈小象傳〉：「南狩之志，乃大得也。」爻變為復卦，化暗為明，又見天地之心為佛相。佛魔之轉存乎一念之間，《尚書．多方》有稱：「惟聖罔念作狂，惟狂克念作聖。」既然如此，佛發大悲心扮魔相以考驗人當然可能。

既濟卦第三爻：「高宗伐鬼方，三年克之，小人勿用。」〈小象傳〉：「憊也！」高宗自以為是佛，把鬼方看成是魔，苦戰三年僥倖得勝，最後難免覆滅，上爻：「濡其首，厲。」〈小象傳〉：「何可久也？」未濟卦第四爻：「貞吉，悔亡。震用伐鬼方，三年有賞于大國。」〈小象傳〉稱：「志行也！」經過七個爻後，鬼方又復活，反而高宗不見了！這是怎麼回事兒？〈說卦傳〉：「帝出乎震……萬物出乎震。」震代表一切眾生的主宰，理應平等，包括了鬼方與高宗。以此覺悟去處理魔障，化解兩極對立，才能真正解決人類文明的問題。既然舊的鬼方戰敗，新的鬼方從何而來？一是魔怨難消，伺機再起復仇；二是傲慢的高宗走火入魔，變成了新的鬼方。為除人類公敵，得以新的心態處理，而獲天命賞賜。兩極對立正是西方文化裡的致命傷，故而爭霸不休。中國文化號召王道，才有終極和平的可能。其實太極圖的理念模型早有明示：萬事萬物分陰分陽，陰中有陽，陽中有陰，陰極轉陽，陽極轉陰。自古霸權就算擊敗所有外在敵人，內部必生矛盾，調理不當又會衰微覆滅。《老子》稱：「不自見故明，不自是故彰，不自伐故有功，不自矜故長。」又稱：「善者吾善之，不善者吾亦善之，德善；信者吾信之，不信者吾亦信之，德信。」儒釋道的智慧廣大精微，所謂的佛魔分際，值得世人深省。

觀眾生品第七

爾時，文殊師利問維摩詰言：「菩薩云何觀於眾生？」維摩詰言：「譬如幻師見所幻人，菩薩觀眾生為若此。如智者見水中月，如鏡中見其面像，如熱時焰，如呼聲響，如空中雲，如水聚沫，如水上泡，如芭蕉堅，如電久住，如第五大，如第六陰，如第七情，如十三入，如十九界。菩薩觀眾生為若此。如無色界色，如燋穀芽，如須陀洹身見，如阿那含入胎，如阿羅漢三毒，如得忍菩薩貪恚毀禁，如佛煩惱習，如盲者見色，如入滅盡定出入息，如空中鳥跡，如石女兒，如化人煩惱，如夢所見已寤，如滅度者受身，如無烟之火。菩薩觀眾生為若此。」

那時，文殊師利問維摩詰道：「菩薩怎樣觀照眾生？」維摩詰答道：「譬如魔術師看待他變化出來的假人，就像智者看見水中之月，鏡中之面容，日光下浮動的灰塵，呼喊的迴響，空中飄浮的雲氣，水面上聚集的泡沫，空的芭蕉心，電光長久停留，第五大，第六陰，第七情，第十三入，第十九界。菩薩觀照眾生就是這樣。」以上全是不存在的東西，所謂鏡花水月都成空。三界中有欲界、色界、無色界。「如同無色界中的色相，如同燒焦的穀子發芽，如同已得須陀洹果還有身見，如同已得阿那含果還會轉生入胎，如同已得阿羅漢果還有貪嗔癡三毒，如同已得無生法忍的菩薩還有貪戀恚怒之心而違反戒律，如同已成佛還會一天到晚煩惱，如同盲者還看得到東西。」須陀洹，斯陀含、阿那含、阿羅漢是《金剛經》中講的四果羅漢：須洹洹是剛入門，已經除掉了身見，不會為生死、人我、身相煩惱了。斯陀含又稱一往來，還會再投胎一次。阿那含稱為不來，不再入胎生於欲界。阿羅漢不再轉生三界，已無貪嗔癡三毒。

「如同已經修到滅盡定了，居然還有呼吸氣息的出入；如同空中飛鳥留下的痕跡；如同石女還能生育；如同魔術師變化出來的假人還有煩惱；如同夢醒後所見情景與夢中一樣；如同已滅度者又還獲受身體；如同起火沒有生煙。菩薩觀照眾生，就像這樣啊！」

文殊師利言：「若菩薩作是觀者，云何行慈？」維摩詰言：「菩薩作是觀已，自念：『我當為眾生說如斯法。』是即真實慈也。行寂滅慈，無所生故；行不熱慈，無煩惱故；行等之慈，等三世故；行無諍慈，無所起故；行不二慈，內外不合故；行不壞慈，畢竟盡故；行堅固慈，心無毀故；行清淨慈，諸法性淨故；行無邊慈，如虛空故；行阿羅漢慈，破結賊故；行菩薩慈，安眾生故；行如來慈，得如相故；行佛之慈，覺眾生故：行自然慈，無因得故；行菩提慈，等一味故；行無等慈，斷諸愛故；行大悲慈，導以大乘故；行無厭慈，觀空無我故；行法施慈，無遺惜故；行持戒慈，化毀禁故；行忍辱慈，護彼我故；行精進慈，荷負眾生故；行禪定慈，不受味故；行智慧慈，無不知時故；行方便慈，一切示現故；行無隱慈，真心清淨故；行深心慈，無雜行故；行無誑慈，不虛假故；行安樂慈，令得佛樂故。菩薩之慈，為若此也。」

文殊師利又問道：「如果菩薩把這些眾生都看成是實際不存在的，那他怎麼表現慈心呢？」

維摩詰答道：「菩薩用這樣的態度觀照眾生，然後想道：『我當為眾生解說這樣的法門。』這才是真正表現慈心啊！菩薩應當施行寂滅慈，因為世間一切都寂滅無所生；應當施行不熱慈，這樣才清涼沒有煩惱；應當施行等之慈，因為過去、現在、未來三世平等不異；應當施行無諍慈，因為真如不生不起，根本無由爭訟；應當施行不二慈，因為眾生不悟自性，以為內根與外塵有別；應當施行不壞慈，因為一切形相終將斷滅，自性則常存；應當施行堅固慈，因為心念堅固永無毀壞；應當施行清淨慈，因為世間一切本性清淨；應當施行無邊慈，因為心量寬廣如虛空。」

家人卦第三爻：「家人嗃嗃，悔厲，吉。婦子嘻嘻，終吝。」上爻：「有孚威如，終吉。」一家人屬至親，都不宜溺愛，仍得注重分際。所謂慈悲生禍害，慈愛不宜過熱，才不會妄生煩惱。三世平等無異，《金剛經》：「過去心不可得，現在心不可得，未來心不可得。」「是法平等，無有高下。」〈雜卦傳〉：「睽外也，家人內也。」冤親平等，沒有內外的分別。

「應當施行阿羅漢慈，因為慈心就是破滅心中的煩惱糾結；應當施行菩薩慈，以安撫眾生；

應當施行如來慈，因為合於真如本性；應當施行佛慈，以覺悟度化眾生；應當施行自然慈，因為一切發乎自然。」無因得，慈心沒有因由，本自有之。《心經》：「無智亦無得，以無所得故。」

《老子》：「人法地，地法天，天法道，道法自然。」道本身已是究竟，自然而然，無可究詰。佛經則講：「法爾如是。」〈文言傳〉：「乾元用九，乃見天則。」天則就是自然規律，無可違背。

「應當施行菩提慈，因為慈心對待一切都平等；應當施行無等慈，因為斷絕一切愛憎；應當施行大悲慈，因為用大乘佛法導引眾生；應當施行無厭慈，因為菩薩領悟到空無我的真諦。」〈繫辭傳〉：「恒，雜而不厭。」「應當施行法施慈，因為菩薩布施理應無所吝惜；應當施行持戒慈，教化毀破戒律的眾生；應當施行忍辱慈，因為同時護持自身和對方；應當施行精進慈，因為以荷負眾生為己任；應當施行禪定慈，因為不受世間諸味的引誘；應當施行智慧慈，因為深切了解眾生根性，因時制宜說法度人。」法施無遺惜，度眾無所遺漏與吝惜，有教無類，傾囊相授。〈繫辭傳〉：「曲成萬物而不遺。」泰卦第二爻：「不遐遺。」無遠弗屆，一個也不放棄。

「應當施行方便慈，隨時現身說法，因機施教；應當施行無隱慈，直心清淨，絕不藏私；應當施行深心慈，深入佛法，心無雜念事無雜行；應當施行無誑慈，絕不虛假；應當施行安樂慈，令眾生都得佛樂。菩薩的慈心，就是像這樣。」

《論語．述而篇》記子曰：「二三子以我為隱乎？吾無隱乎爾！吾無行而不與二三子者，是丘也。」好老師教導學生不會保留，毓老師的外國學生魏斐德曾撰《無隱錄》一書，介紹其生平事蹟。

文殊師利又問：「何謂為悲？」答曰：「菩薩所作功德，皆與一切眾生共之。」「何謂為喜？」答曰：「有所饒益，歡喜無悔。」「何謂為捨？」答曰：「所作福祐，無所希望。」

文殊師利又問：「怎樣才叫做悲呢？」維摩詰答道：「菩薩所作功德，都與一切眾生共享。」

「怎樣才叫做喜呢？」答道：「只要對眾生有益的事，就歡歡喜喜無怨無悔去做。」「怎樣才叫做捨呢？」答道：「所作所為福祐眾生，絕對沒有期望報答。」益卦第五爻：「有孚惠心，勿問元吉，有孚惠我德。」即為此義。謙卦第三爻：「勞謙君子，有終吉。」〈小象傳〉：「萬民服也！」〈繫辭傳〉記子曰：「勞而不伐，有功而不德，厚之至也，語以其功下人者也。德言盛，禮言恭。謙也者，致恭以存其位者也！」《論語．公冶長篇》記顏淵言其志：「願無伐善，無施勞。」值得一再推崇，這才是徹底解決世間動亂之本。《老子》屢稱：「生而不有，為而不恃，功成而不居。」「長而不宰，是謂玄德。」「功遂身退，天之道。」明白闡示了天理大道。

文殊師利又問：「生死有畏，菩薩當何所依？」維摩詰言：「菩薩於生死畏中，當依如來功德之力。」文殊師利又問：「菩薩欲依如來功德之力，當於何住？」答曰：「菩薩欲依如來功德之力者，當住度脫一切眾生。」又問：「欲度眾生，當何所除？」答曰：「欲度眾生，除其煩惱。」又問：「欲除煩惱，當何所行？」答曰：「當行正念。」又問：「云何行於正念？」答曰：「當行不生不滅。」又問：「何法不生？何法不滅？」答曰：「不善不生，善法不滅。」又問：「善不善孰為本？」答曰：「身為本。」又問：「身孰為本？」答曰：「欲貪為本。」又問：「欲貪孰為本？」答曰：「虛妄分別為本。」又問：「虛妄分別孰為本？」答曰：「顛倒想為本。」又問：「顛倒想孰為本？」答曰：「無住為本。」又問：「無住孰為本？」答曰：「無住則無本。文殊師利，從無住本立一切法。」

文殊師利又問：「生死大事令人畏怖，菩薩應當何所歸依？」維摩詰答道：「菩薩在生死畏怖中，應當依據如來的功德之力。」文殊師利又問：「菩薩要依據如來的功德之力，應當如何安住呢？」答道：「菩薩要依據如來的功德之力，應當以超度一切眾生為安住的根本。」又問：「要超度眾生，得幫他除去些什麼呢？」答道：「要超度眾生，得幫他除去煩惱。」又問：「要幫眾生除掉煩惱，得施行什麼法門呢？」答道：「應當施行正念。」又問：「怎麼叫施行正念？」答道：「應當領悟不生不滅的道理。」又問：「到底什麼東西不生，什麼東西不滅？」答道：「要讓惡行不生，善行不滅。」又問：「善與不善以甚麼為根本？」答道：「以身體為根本。」又問：「身體又以甚麼為根本？」答道：「以貪念欲求為根本。」又問：「貪念欲求以甚麼為根本？」答道：「對世界持有虛妄分別的偏見為根本。」又問：「虛妄分別的偏見又以甚麼為根本？」答道：「以顛倒妄想為根本。」又問：「顛倒妄想又以甚麼為根本？」答道：「以全無所住的真如為根本。」又問：「全無所住又以甚麼為根本？」答道：「既然全無所住，就再沒有根本了！文殊師利，從無所住的基礎上立一切法。」以上這種「打破沙鍋問到底」的提問，層層剝除外相以探討核心的真相，正是「剝極而復」的方法實踐。《金剛經》的論述與此相近，一開始就問：「應云何住？云何降伏其心？」層層追問宇宙人生基本的道理，以及正確的修行方式，啟發世人甚深。

生死大事確實令人畏懼，震卦為生命初始，〈大象傳〉：「君子以恐懼修省。」大過卦瀕臨死亡，〈大象傳〉：「君子以獨立不懼，遯世无悶。」生存不易，離世死亡更讓人害怕，如何超克生死恐怖，遠離顛倒夢想，而達究竟涅槃？人生必有種種貪念欲求，分別執著，必須如損卦〈大象傳〉所稱「懲忿窒欲」，才能如益卦「遷善改過」以利益眾生。《老子》稱：「為學日益，為道日損。損之又損，以至於無為，無為而無不為。」需減損的就是與生俱來的貪念欲求。《莊子．大宗師》：「其嗜欲深者，其天機淺。」這是至理名言。一般浮華的人學道家，通常都強調心靈自由不受羈絆，忘了其基本功在減損嗜欲，其實還是自私自利劣根性的表現。

无妄卦強調正念，落實並不容易，所謂「差之毫釐，失之千里」，可能無妄之災、無妄之疾都跟著來了。修禪、修淨其實都在修無妄的功夫。《心經》：「不生不滅，不垢不淨，不增不減。」不執著生，也不執著滅，從宇宙人生的本體上看來根本沒有生滅。民初大儒熊十力的《新唯識論》最有名的比喻，大海水跟眾漚絕對受了佛教的影響。大海水是本體，浪起浪落是作用，看起來好像有生有滅，從大海水的整體來講哪有什麼生滅？「不善不生」是遏惡，「善法不滅」是揚善，正是大有卦〈大象傳〉所稱：「君子以遏惡揚善，順天休命。」

善與不善以身為本，人身是小天地，宇宙是大天地，即身修行可探究竟。下經之首為咸卦，幫助我們了解身體各部位的感受；艮卦也要從身體開始修，卦辭：「艮其背，不獲其身；行其庭，不見其人，无咎。」正是《金剛經》講的：「無我相。」顛倒想為虛妄分別之本，頤卦修養身心，中間四個爻全在顛倒夢想中：顛頤、拂頤、拂經。往下的大過卦徹底顛倒，〈雜卦傳〉：「大過，顛也！」無所住已經是究竟，《金剛經》：「諸菩薩摩訶薩，應如是生清淨心，不應住色生心，不應住聲、香、味、觸、法生心，應無所住而生其心。」文殊當然知道，維摩詰也知道，他們藉問難給大家看，以啟發在場諸眾。

時維摩詰室有一天女，見諸大人，聞所說法，便現其身，即以天華散諸菩薩大弟子上。華至諸菩薩即皆墮落，至大弟子便著不墮。一切弟子神力去華，不能令去。爾時，天問舍利弗：「何故去華？」答曰：「此華不如法，是以去之。」天曰：「勿謂此華為不如法。所以者何？是華無所分別，仁者自生分別想耳。若於佛法出家，有所分別，為不如法；若無所分別，是則如法。觀諸菩薩華不著者，已斷一切分別想故。譬如人畏時，非人得其便。如是弟子畏生死，故色、聲、香、味、觸得其便也；已離畏者，一切五欲無能為也。結習未盡，華著身耳；結習盡者，華不著也。」

當時維摩詰居室中有一位天女，看見眾位得道大士，又聽到他們說法，便現出身形，將天花拋散在諸菩薩和大弟子身上。天花飄到諸菩薩身上便都散落，落到大弟子便沾在衣服上而不墜落，弟子們運用神力想拂去花瓣，卻都無法成功。這時天女問舍利弗：「你幹嘛要把花抖掉呢？」舍利弗回答：「出家沙門身上落花不符合戒律，所以要去除。」天女說道：「不要說這花為不合律法，為什麼呢？這花哪有什麼毛病，都是你分別心太重。若依佛法出家，觀照世界有所分別，才是不如法；若無所分別，才是真正的如法。我們看諸位菩薩花不著身，這是已經斷滅了一切分別妄想啊！譬如人害怕時，鬼魅等非人便趁機加害。像你們這些弟子畏懼生死，所以色、聲、香、味、觸五欲便趁虛而入；而無所畏懼的人，一切五欲對他無可奈何。如果糾結習氣未曾除盡，天花就會沾在身上；糾結習氣除盡的，天花便不會沾身。」

舍利弗言：「天止此室，其已久如？」答曰：「我止此室，如耆年解脫。」舍利弗言：「止此久耶？」天曰：「耆年解脫，亦何如久？」舍利弗默然不答。天曰：「如何耆舊，大智而默？」答曰：「解脫者無所言說，故吾於是不知所云。」天曰：「言說文字皆解脫相。所以者何？解脫者不內不外，不在兩間；文字亦不內不外，不在兩間。是故，舍利弗，無離文字說解脫也。所以者何？一切諸法是解脫相。」舍利弗言：「不復以離淫怒癡為解脫乎？」天曰：「佛為增上慢人說離淫怒癡為解脫耳。若無增上慢者，佛說淫怒癡性即是解脫。」舍利弗言：「善哉，善哉！天女，汝何所得，以何為證，辯乃如是？」天曰：「我無得無證，故辯如是。所以者何？若有得有證者，則於佛法為增上慢。」

舍利弗問道：「天女處在這居室中，有多久時日了？」天女回說：「我處在這居室中，和長者你獲得解脫的時日一樣久。」舍利弗問：「你已經待了這麼久嗎？」天女回答：「長者你獲解脫也這麼久了？」舍利弗默然不答。天女說：「長者你怎麼了，具有大智慧卻默不作聲？」舍利弗答道：「解脫者已經脫離語言文字的境界，我不知道說甚麼好。」天女說：「語言文字也是解脫相，為什麼呢？真正的大解脫是不在內也不在外，也不在內外之間。語言文字同樣，不在外也不在內，也不在內外之間。因此，舍利弗，不要離開語言文字說解脫，那又是一種偏執。如果用的恰當，語言文字包括世間一切都是解脫相。」

舍利弗問道：「照妳這麼說，再不必脫離淫怒癡三毒，就能解脫了嗎？」天女回答：「佛是針對那些驕傲自負的增上慢的人說法，要脫離淫怒癡三毒才能解脫。對於其他沒有增上慢的人，便說淫怒癡的本性就是解脫。」因為增上慢就是嚴重的貪嗔癡三毒俱全，易卦裡面許多毛病深重的都是高層，无妄卦第五爻有「无妄之疾」，近乎不可救藥。豫卦第五爻：「貞疾，恒不死。」等於帶病延年。損卦第四爻：「損其疾，使遄有喜，无咎。」減少慾望方可改過无咎。兌卦第四爻：「商兌未寧，介疾有喜。」節制情慾才能痊癒。淫怒癡的現象為病態，但其究竟本性便是解脫，什麼也不染著。《論語．陽貨篇》記子曰：「性相近也，習相遠也。」《論語．雍也篇》：「人之生也直。」坤卦第二爻：「直方大，不習无不利。」

舍利弗讚嘆道：「說的好啊！天女妳是修得了甚麼道行？證到了什麼果位？怎麼有這麼高的辯才！」天女說道：「我無所得也無所證，所以口才這麼利索，為什麼呢？我要有所得有所證，在佛法就是增上慢。」

學問越深，意氣越平。觀卦到上爻：「觀其生，君子无咎。」〈小象傳〉：「志未平也。」爻變是比卦，往下接到噬嗑卦，一心想跟人家較量，這就落入下乘。《論語．泰伯篇》記子曰：「如有周公之才之美，使驕且吝，其餘不足觀也已！」《梵網經》講菩薩戒，第一條就是絕不可「自讚毀他」，總是讚揚自己，詆毀別人，這也是典型的增上慢。

舍利弗問天女：「汝於三乘為何志求？」天曰：「以聲聞法化眾生故，我為聲聞；以因緣法化眾生故，我為辟支佛；以大悲法化眾生故，我為大乘。舍利弗！如人入瞻蔔林，唯嗅瞻蔔，不嗅餘香。如是，若入此室，但聞佛功德之香，不樂聞聲聞、辟支佛功德香也。舍利弗，其有釋、梵、四天王、諸天、龍、鬼、神等入此室者，聞斯上人講說正法，聽維摩詰上人講說正法，皆樂佛功德之香，發心而出。舍利弗，吾止此室十有二年，初不聞說聲聞辟支佛法，但聞菩薩大慈大悲不可思議諸佛之法。

舍利弗問天女：「在三乘之中，妳的志願是想修到哪一乘呢？」天女回答：「為了以聲聞法教化眾生，我修行聲聞乘；為了以因緣法教化眾生，我就修行緣覺的辟支佛乘；為了以大悲法教化眾生，我就修行大乘。舍利弗！正如有人進入瞻蔔林，就聞到那種濃郁的香，其他的香都聞不到了。正是如此，如果進入這居室中，只聞到佛祖功德的香氣，不再喜歡聞聲聞、辟支佛的功德香氣了。舍利弗，那帝釋天、梵天、四天王、諸天、龍、鬼、神等進入這居室的天人，聽到維摩詰上人宣講正法，都樂於聞到佛的功德香氣，發心修持大乘，而後離開去度眾生。舍利弗，我在這間居室中已經待了十二年了，從來不曾聽到維摩詰居士說聲聞、辟支佛乘的言論，只聽到他宣講菩薩乘大慈大悲不可思議的諸佛正法。」

天女為度眾生可隨緣說法，但仍嚮往大乘的修行境界，既聞高明大法，不甘以小道自限。通俗接眾是為了引領一般人上進深造，絕非媚俗的譁眾取寵，這個分際很重要。觀卦〈大象傳〉：「風行地上，先王以省方觀民設教。」傳法要風行各地，必須因地制宜因材施教，但卦中六爻由淺入深步步攀高，所謂「欲窮千里目，更上一層樓」，方能成其大觀。維摩詰的居室菁英薈萃，天女耳濡目染眼界自高，必然不貪小成，不甘凡近。

「舍利弗！此室常現八未曾有難得之法。何等為八？此室常以金色光照，晝夜無異，不以日月所照為明，是為一未曾有難得之法。此室入者不為諸垢之所惱也，是為二未曾有難得之法。此室常有釋、梵、四天王、他方菩薩，來會不絕，是為三未曾有難得之法。此室常說六波羅蜜不退轉法，是為四未曾有難得之法。此室常作天人第一之樂，弦出無量法化之聲。是為五未曾有難得之法。此室有四大藏，眾寶積滿，周窮濟乏，求得無盡，是為六未曾有難得之法。此室釋迦牟尼佛、阿彌陀佛、阿閦佛、寶德、寶炎、寶月、寶嚴、難勝、師子響、一切利成，如是等十方無量諸佛，是上人念時，即皆為來廣說諸佛秘要法藏，說已還去，是為七未曾有難得之法。此室一切諸天嚴飾宮殿、諸佛淨土皆於中現，是為八未曾有難得之法。舍利弗！此室常現八未曾有難得之法，誰有見斯不思議事，而復樂於聲聞法乎？」

「舍利弗！這居室之中，時常顯現八種未曾有過的難得之法。是哪八種呢？這居室中常以金色光遍照，沒有白天晚上的差別，不需要日光與月光的照明，這是第一種從未有過的難得之法。」艮卦止欲修行，克服人生業障，攀登心靈高峰，〈彖傳〉稱：「時止則止，時行則行，其道光明。」

「凡是進了這間斗室的人，都不會再被煩惱塵垢所困擾，這是第二種未曾有過的難得之法。這間斗室常有帝釋、梵天、四天王、其他地方的菩薩，前來相會不斷，這是第三種未曾有過的難得之法。這居室中經常宣講六波羅蜜而不退轉的法門，這是第四種未曾有過的難得之法。這居室裡經常演奏天人中最美妙的音樂，彈奏出無數法音，這是第五種未曾有過的難得之法。這居室中有四大寶藏，堆滿各種財寶，用來周濟貧乏，滿足窮民的需要，永遠用不完，這是第六種未曾有過的難得之法。這居室中釋迦牟尼佛、阿彌陀佛、阿閦佛、寶德、寶炎、寶月、寶嚴、難勝、師子響、一切利成等等十方無量諸佛，當維摩詰居士心念動時，立刻就來演說諸佛佛法的奧秘，說完就走，了無罣礙，這是第七種未曾有過的難得之法。這居室中會顯現一切諸天莊嚴美飾的宮殿，以及諸佛的清淨國土，這是第八種未曾有過的難得之法。舍利弗！這居室裡經常顯現這八種未曾有過的難得之法，人如果看到這麼好的情境，誰還會去聽那些拘礙的聲聞法門呢？」

唐朝劉禹錫曾作〈陋室銘〉一文，傳誦千載，可用來形容維摩詰的居室：「山不在高，有仙則名；水不在深，有龍則靈。斯是陋室，惟吾德馨。苔痕上階綠，草色入簾青；談笑有鴻儒，往來無白丁。可以調素琴，閱金經。無絲竹之亂耳，無案牘之勞形。南陽諸葛廬，西蜀子雲亭。孔子云：君子居之，何陋之有？」

舍利弗言：「汝何以不轉女身？」天曰：「我從十二年來，求女人相，了不可得，當何所轉？譬如幻師幻作幻女，若有人問何以不轉女身，是人為正問不？」舍利弗言：「不也。幻無定相，當何所轉？」天曰：「一切諸法，亦復如是，無有定相。云何乃謂不轉女身？」

舍利弗問道：「妳為什麼不捨棄女身，轉生男身呢？」《法華經》上有此一說，龍女先要變成男身再成佛。天女答道：「我住在這裡已經十二年，求女人相都了不可得，還談什麼轉生男身？譬如魔術師變化出虛幻的女人身，若有人問她何以不轉男人身，這種提問是合理的嗎？」舍利弗答道：「不是。魔術本來就沒有一定的形相，哪有什麼可轉的呢？」天女說：「世間一切也是如此，根本就沒有一定的形相，那你為什麼還問不捨棄女身轉生男身呢？」

即時天女以神通力變舍利弗，令如天女；天自化身如舍利弗而問言：「何以不轉女身？」舍利弗以天女像而答言：「我今不知何轉而變為女身。」天曰：「舍利弗，若能轉此女身，則一切女人亦當能轉。如舍利弗非女而現女身，一切女人亦復如是，雖現女身而非女也。是故佛說一切諸法非男非女。」即時天女還攝神力，舍利弗身還復如故。天問舍利弗：「女身色相，今何所在？」舍利弗言：「女身色相，無在無不在。」天曰：「一切諸法，亦復如是，無在無不在。夫無在無不在者，佛所說也。」

天女隨即運用神通，把舍利弗變成天女的形貌，而天女自己就變成舍利弗，又向他問道：「為什麼不捨棄女身，轉生男身呢？」變成天女形貌的舍利弗回答：「我現在不知道為什麼會轉變為女身呢？」天女說道：「舍利弗，你若能轉此女身為男身，那麼一切世間的女人也都能轉為男身。如果舍利弗不是女身，而現出女身了，那麼一切女人也正是如此，雖然顯現女身，卻並非女人。因此，佛說世間一切非男非女。」

於是天女收回神通，舍利弗身體恢復原來形貌。天女問舍利弗：「你剛剛顯現的女身形貌，到哪兒去了？」舍利弗答：「女身的形相其實並不存在，又無所不在。」天女就說：「世間一切都是如此，既不存在又無所不在。所謂既不存在又無所不在，就是佛祖所說的正法。」

舍利弗問天：「汝於此沒，當生何所？」天曰：「佛化所生，吾如彼生。」曰：「佛化所生，非沒生也。」天曰：「眾生猶然，無沒生也。」

舍利弗問天：「汝久如當得阿耨多羅三藐三菩提？」天曰：「如舍利弗還為凡夫，我乃當成就阿耨多羅三藐三菩提。」舍利弗言：「我作凡夫，無有是處。」天曰：「我得阿耨多羅三藐三菩提，亦無是處。所以者何？菩提無住處，是故無有得者。」舍利弗言：「今諸佛得阿耨多羅三藐三菩提，已得當得，如恆河沙，皆謂何乎？」天曰：「皆以世俗文字數故，說有三世，非謂菩提有去來今。」天曰：「舍利弗，汝得阿羅漢道耶？」曰：「無所得故而得。」天曰：「諸佛菩薩，亦復如是。無所得故而得。」

爾時，維摩詰語舍利弗：「是天女已曾供養九十二億諸佛，已能遊戲菩薩神通，所願具足，得無生忍，住不退轉。以本願故，隨意能現，教化眾生。」

舍利弗問天女：「妳死了以後，會轉生到哪裡？」天女道：「如來化身所生的地方，就是我轉生之處。」舍利弗說：「佛的化身沒有所謂的生死。」天女道：「眾生也是一樣，並沒有所謂的生死。」

舍利弗又問天女：「你還要在這個地方待多久，才證得無上正等正覺？」天女答道：「如果舍利弗你變回凡夫，我就會證得無上正等正覺。」舍利弗說：「我變回凡夫，那是不可能的事情。」天女說道：「我要證得無上正等正覺，也同樣沒這道理。為什麼呢？真正大徹大悟的菩提是流動不停的，所以並無真正於一處證得者。」舍利弗說：「那麼當今證得無上正等正覺的諸佛，還有過去證得以及將來證得的諸佛，為什麼多如恆河沙數呢？」天女說道：「這都是以世俗的語言文字來計數，所謂有過去、現在、未來三世，並不是說菩提的本體真的有過去、現在、未來的區分啊！」天女說：「舍利弗，你已經證得阿羅漢果了嗎？」舍利弗答：「我是因為無所得而得到的。」天女說：「諸佛菩薩也是如此，都是因為無所得而得無上正等正覺啊！」這還是《心經》所說的：「無智亦無得，以無所得故。」

這時，維摩詰告訴舍利弗：「這位天女已經供養九十二億諸佛，已能遊戲於菩薩神通之中，所願都已圓滿，證得無生法忍，永遠不再退轉。她是出於救度眾生的根本大願，才隨意顯現化身，以方便教化眾生啊。」

佛道品第八

爾時，文殊師利問維摩詰言：「菩薩云何通達佛道？」維摩詰言：「若菩薩行於非道，是為通達佛道。」又問：「云何菩薩行於非道？」答曰：「若菩薩行五無間，而無惱恚；至於地獄，無諸罪垢；至於畜生，無有無明驕慢等過；至於餓鬼，而具足功德；行色無色界道，不以為勝；示行貪欲，離諸染著；示行瞋恚，於諸眾生無有恚礙；示行愚癡，而以智慧調伏其心；示行慳貪，而捨內外所有，不惜身命；示行毀禁，而安住淨戒，乃至小罪猶懷大懼；示行瞋恚，而常慈忍；示行懈怠，而勤修功德；示行亂意，而常念定；示行愚癡，而通達世間、出世間的智慧；示行諂偽，而善方便隨諸經義；示行憍慢，而於眾生猶如橋樑；示行諸煩惱，而心常清淨；示入於魔，而順佛智慧，不隨他教；示入聲聞，而為眾生說未聞法；示入辟支佛，而成就大悲教化眾生；示入貧窮，而有寶手，功德無盡；示入形殘，而具諸相好，以自莊嚴；示入下賤，而生佛種性中，具諸功德；示入羸劣醜陋，而得那羅延身，一切眾生之所樂見；示入老病，而永斷病根，超越死畏；示有資生，而恆觀無常，實無所貪；示有妻妾婇女，而常遠離五欲淤泥；現於訥鈍，而成就辯才無礙，總持無失；示入邪濟，而以正濟，度諸眾生。現偏入諸道，而斷其因緣；現於涅槃，而不斷生死。文殊師利菩薩！能如是行於非道，是為通達佛道。」

那時，文殊師利問維摩詰：「菩薩要怎麼樣才能夠通達佛道呢？」維摩詰答：「若菩薩修行非道，就可通達佛道。」文殊師利又問：「怎麼說菩薩要修行非道呢？」答道：「若菩薩雖然墮入五無間地獄，卻不憤怒怨恨；雖然到了地獄，卻不染各種罪業汙垢；雖然墮入畜生道，卻沒有無明驕慢等過錯；雖然墮入餓鬼道，卻有完美具足的功德。」

佛教說犯了五無間罪就要下阿鼻地獄，殺父、殺母、殺阿羅漢、出佛身血、破和合僧，罪無可赦。坎卦上爻就是無間地獄的情景，爻辭：「係用徽纆，寘于叢棘，三歲不得，凶。」〈小象傳〉：「上六失道，凶三歲也！」被黑色繩索牢牢綑綁，丟放在荊棘叢中刺得渾身流血，痛苦不堪，三年之久都不得掙脫，凶險無比。人際相處最難，僧團更須和睦相處，蓄意破壞者當下地獄，以此標準衡量，六祖惠能承接衣缽後南行以避追殺之事如何？真讓人無限感慨！菩薩到地獄、畜生、餓鬼三惡道，就像地藏王菩薩宣稱：「我不入地獄，誰入地獄？」是發願濟度受苦眾生，當然無怨恨、無汙垢、功德具足。

「雖然脫離欲界，進入色界與無色界，還遠非究竟，仍在三界中沒有超脫，絕不自以為殊勝高明；雖然言行顯示貪欲，其實心中沒有染著；顯示嗔恚，其實對眾生並無怨怒之心，了無罣礙。顯示愚昧癡迷，卻能以智慧使自己心意安穩；顯示吝嗇貪婪，卻能捨棄身內身外一切所有，毫不吝惜身家性命；顯示毀犯禁律，其實謹慎奉持戒規，即使微小的罪行都不敢觸犯；顯示嗔恚，其實常對眾生慈悲忍讓；顯示懈怠，其實勤修功德。顯示煩亂，其實心念安定；顯示愚昧癡迷，其實通達一切世間與出世間的智慧；顯示行諂媚虛偽，其實是方便制宜而不違反正道；顯示傲慢自大，其實濟度眾生猶如橋樑；顯示各種煩惱，其實內心恆常清淨；顯示入於魔道，其實順從佛法智慧，並未依從其他邪教；顯示入於聲聞小乘，其實是為眾生說從所未聞的佛法；顯示入於辟支佛乘，其實是發大悲心教化眾生。」

「雖然外表顯示貧窮，而有寶手變出金銀財寶賑濟貧窮，功德無量；顯示殘疾，卻具備種種美好形相以莊嚴自身；顯示為下賤，卻生於佛的高貴種性中，具備各種功德；顯示孱弱醜陋，卻擁有那羅延力士健美強壯的身體，一切眾生都樂於欣賞；顯示老邁多病，卻永斷病根，超越對死亡的恐懼；顯示為營生聚財，其實已領悟到人生無常，無所貪求；顯示有妻妾婢女，卻總是遠離五欲的淤泥；顯示木訥遲鈍，實際上辯才無礙，秉持佛法無失；顯示以邪僻之道度人，其實是施行正道。顯示在生死六道中輪迴，其實已斷滅因緣；顯示涅槃境界，並不斷絕生死。文殊師利菩薩！如果能夠這樣修行非道，就是通達佛道。」

印度的種姓制度，從高到低分為四種階層：婆羅門、剎帝利、吠舍、首陀羅。婆羅門是祭司與教師，剎帝利是統治者和武士，吠舍是農夫、工匠、商人等勞動者，首陀羅是奴隸。此處所謂佛的種性，鳩摩羅什解釋即是「無生忍」，生佛種性中是指繼承和發揚佛道。

那羅延是大力士，有點像希臘的海克力斯，僧肇注：「那羅延，天力士名也。端正殊妙，志力雄猛。」青島的嶗山十二景中有那羅延窟，傳說是菩薩聚居處，為觀賞勝地。

於是維摩詰問文殊師利言：「何等為如來種？」文殊師利言：「有身為種，無明有愛為種，貪恚癡為種，四顛倒為種，五蓋為種，六入為種，七識處為種，八邪法為種，九惱處為種，十不善道為種。以要言之，六十二見及一切煩惱，皆是佛種。」曰：「何謂也？」答曰：「若見無為入正位者，不能復發阿耨多羅三藐三菩提心。譬如高原陸地，不生蓮花，卑濕淤泥，乃生此華。如是，見無為法入正位者，終不復能生於佛法；煩惱泥中乃有眾生起佛法耳。又如植種於空，終不得生；糞壤之地，乃能滋茂。如是，入無為正位者，不生佛法。起於我見如須彌山，猶能發於阿耨多羅三藐三菩提心，生佛法矣。是故，當知一切煩惱為如來種。譬如不下巨海，不能得無價寶珠；如是，不入煩惱大海，則不能得一切智寶。」

於是維摩詰反問文殊師利：「什麼是如來佛性的種子呢？」文殊師利答道：「如來佛性以色相身體為種子，以無明有愛為種子，以貪恚癡三毒為種子，以四顛倒為種子，以五蓋為種子，以六入為種子，眼耳鼻舌身意，以七識處為種子，以八邪法為種子，以九惱處為種子，以十不善道為種子。簡要地說，六十二見以及一切煩惱，都是佛性種子。」

四顛倒分兩種。一是凡夫對世界的誤解：以無常為有常，以苦為樂，以無我為我，以不淨為淨。二是聲聞、緣覺二乘人的拘執，將涅槃的常、樂、我、淨誤認為「無常、無樂、無我、不淨」。五蓋指會蓋覆人心性使不生善的五種法：貪欲蓋、嗔恚蓋、睡眠蓋、掉悔蓋、疑惑蓋。七識處指三界眾生心識所存在的七個處所：一是欲界的五道，二是色界的初禪天，三是色界的二禪天，四是色界的三禪天，五是無色界的空無邊處，六是無色界的識無邊處，七是無色界的無所有處。八邪法與八正道相對，即身、口、意所犯的八種謬誤：一是不信因果、功德、父母、聖人等的邪見；二是欲、恚、害等的邪志或邪思維；三是妄語、兩舌、惡口、綺語等邪語；四是殺生、不與取、邪淫等邪業；五是邪命，指不如法的生活；六是邪方便或邪精進，指為惡事所作的方便精勤；七是邪念，指不如法的觀念；八是邪定，指非正定之定。以上八者乃凡夫外道所常行，求涅槃者悉皆捨離。九惱處分為過去現在未來三世，每世都有三種令人煩惱處：愛我怨家（愛上不當愛的人）、憎我知識（憎恨本當敬重之人）、惱我己身（由自己的貪慾過失所致的苦惱）。另有一種說法是九結：愛、恚、慢、無明、見、取、疑、嫉、慳九種煩惱。十不善道即殺、盜、淫、妄語、綺語、惡口、兩舌、慳貪、嗔恚、邪見。

維摩詰再問：「為什麼這麼說呢？」文殊師利答道：「如果已經領悟無為之理而進入修行正位的人，就不會再發心求取無上正等正覺。譬如在高原陸地上不會生蓮花，反而在卑下潮濕的污泥裡才會生長。就像這樣，已經領悟無為之理而進入修行正位的人，再不能生起求佛法之心；只有在煩惱的污泥中，才有陷溺的眾生發心追求起佛法啊。又譬如將種子種在虛空中，永遠不會發芽；只有在肥沃的糞土裡才能茁壯生長。正是如此，已經領悟無為之理而進入修行正位的人，再不會生起求佛法之心。只有那些人我偏見高如須彌山的，還能發心求取無上正等正覺，而生起佛法。所以應當知道一切煩惱就是如來佛性的種子。譬如不深入大海，就不能得到無價寶珠；正像是這樣，如果不深入煩惱大海，就無法得到一切智慧的至寶。」唐代高僧藥山有偈稱：「高高山頂立，深深海底行。」追求真理就應不辭勞苦，上山入海。《詩經．大雅．旱麓》：「鳶飛戾天，魚躍于淵。」《中庸》稱：「言其上下察也。」曹操〈短歌行〉：「山不厭高，海不厭深。」易理習坎之後方能繼明照於四方，皆為此意。

爾時，大迦葉歎言：「善哉，善哉！文殊師利，快說此語！誠如所言，塵勞之儔為如來種。我等今者，不復堪任發阿耨多羅三藐三菩提心，乃至五無間罪，猶能發意生於佛法；而今我等永不能發。譬如根敗之士，其於五欲不能復利；如是聲聞諸結斷者，於佛法中可無所復益，永不志願。是故，文殊師利，凡夫與佛法有反復，而聲聞無也。所以者何？凡夫聞佛法能起無上道心，不斷三寶；正使聲聞終身聞佛法力無畏者，永不能發無上道意。」

這時，大迦葉在旁邊聽了讚歎道：「好啊，好啊！文殊師利，這話說的太好了！確實如你所說，世間種種煩惱倦累都是如來佛性之種。如今的我們，已經不再發心求取無上正等正覺。即使觸犯五無間重罪的人，還能夠發願修行佛法，而我們現在已無那種追求佛法的熱情。譬如五根殘缺敗壞的人，對於五欲之樂再也不能享受；正像是這樣，聲聞弟子已經斷絕各種煩惱束縛，再也不能從佛法中有所獲益，永遠不可能再發願修行。因此，文殊師利，凡夫領受佛法，反覆發心追求，而聲聞弟子反而辦不到。為什麼呢？凡夫聽聞佛法，能發起最高的求道之心，發揚光大佛、法、僧三寶；而聲聞弟子縱使終身聽聞如來十力無畏一切佛法，卻永遠不能發起最高的求道之心。」

爾時，會中有菩薩名普現色身，問維摩詰言：「居士父母妻子、親戚眷屬、吏民知識，悉為是誰？奴婢僮僕、象馬車乘，皆何所在？」

於是維摩詰以偈答曰：

那時，會中有位菩薩，名為普現色身，向維摩詰問道：「居士，你的父母妻子、親戚眷屬、官民朋友，他們都是誰呢？你的奴婢僮僕、象馬車乘，都在哪裡？他們真實究竟的本相是什麼？」旅卦象徵人生旅程，第二爻：「得童僕貞。」第三爻：「喪其童僕。」轉瞬間由得而喪，甚麼也留不住。遯卦第三爻：「畜臣妾，吉。」遲早仍得遁退離開。困卦初爻：「入于幽谷，三歲不覿。」困在谷底三年，甚麼人也見不到。第三爻：「入于其宮，不見其妻，凶。」事業失敗，妻子離異。第四爻：「困于金車，吝。」沒了象馬車乘，行動不便。賁卦就是人生種種色相，賁其須，初爻：「舍車而徒。」沒車可坐，只能徒行。第四爻：「白馬翰如。」馬行如飛，退休後又一無所有。《金剛經》：「凡所有相，皆是虛妄。」「若以色見我，以音聲求我，是人行邪道，不能見如來。」

於是維摩詰以偈答曰：

智度菩薩母，方便以為父，一切眾導師，無不由是生。
法喜以為妻，慈悲心為女，善心誠實男，畢竟空寂舍。
弟子眾塵勞，隨意之所轉，道品善知識，由是成正覺。

所有的菩薩以智度為母親，以方便為父親，一切眾生的導師，都是由智度與方便而產生。以聞法喜悅為妻子，以慈悲心為女兒，以誠實善心為兒子，以究竟的空寂為自己永恆的住處。以各種塵勞妄想為弟子僕從，隨意指使他們，轉煩惱成菩提，轉識成智。以三十七道品為好友，從中獲取教益，成就正覺。

維摩詰所謂的父母，當然不是血統的問題，而是法統、道統、佛統。佛經有《大智度論》，為大乘教中觀派重要論著，龍樹菩薩所作。因為畢竟空寂，心裡並無罣礙，所有這些關係都會過去，下輩子再來，又換另外一套了。維摩詰的這間斗室雖然很熱鬧，他不會為這執著。《心經》：「無老死，亦無老死盡，無智亦無得，以無所得故。」同樣，可稱：「無飲食，亦無飲食盡；無男女，亦無男女盡；無父母妻子，亦無父母妻子盡；無親戚眷屬，亦無親戚眷屬盡；無吏民知識，亦無吏民知識盡；無奴婢僮僕，亦無奴婢僮僕盡；無象馬車乘，亦無象馬車乘盡。」

諸度法等侶，四攝為妓女，歌詠誦法言，以此為音樂。
總持之園苑，無漏法林樹，覺意淨妙華，解脫智慧果。
八解之浴池，定水湛然滿，布以七淨華，浴此無垢人。
象馬五通馳，大乘以為車，調御以一心，游於八正路。

以六度法門等為親屬伴侶，以四攝法為接引眾生的妓女，歌詠唱誦佛法真言，以此為悅耳的音樂。在總持的園苑之中，種植著無漏正法的樹林，盛開著七覺支的美妙鮮花，結出解脫與智慧的果實。在八解脫的浴池中，注滿平靜澄澈的清水，漂佈著七淨之花，沐浴這清淨無垢的菩薩。驅馳五通作為大象與駿馬，以大乘為車，用精純的心調伏駕御，巡游於八正道上。

四攝法為布施、利行、愛語、同事。愛語是常對眾生說讚嘆或安慰的話。《聖經．以弗所書》：「任何壞話都不可出口，應該常說造就人的話，使聽的人獲益。」《論語．子張篇》：「君子有三變：望之儼然，即之也溫，聽其言也厲。」厲為激勵之意。《增廣賢文》：「良言一句三冬暖，冷語傷人六月霜。」

七覺支依次為：念覺支、擇法覺支、精進覺支、喜覺支、猗覺支、定覺支、捨覺支。八正道為：正見、正志、正語、正業、正命、正精進、正念、正定。八解脫又名八背捨，即八種背棄捨除三界煩惱繫縛的禪定：一、內有色想觀外色解脫；二、內無色想觀外色解脫；三、淨解脫身作證具足住；四、空無邊處解脫；五、識無邊處解脫；六、無所有處解脫；七、非想非非想處解脫、八、滅受想定身作證具足住。七淨指戒淨、心淨、見淨、度疑淨、分別道淨、行斷諸見、涅槃淨。五通為天眼通、天耳通、他心通、宿命通、身如意通。八正道包括正見解、正思惟、正語言、正行為、正生活、正精進、正意念、正禪定。佛有好多名號，又稱天人師、調御丈夫。

相具以嚴容，眾好飾其姿，慚愧之上服，深心為華鬘。
富有七財寶，教授以滋息，如所說修行，迴向為大利。
四禪為床座，從於淨命生，多聞增智慧，以為自覺音。
甘露法之食，解脫味為漿，淨心以澡浴，戒品為塗香。
摧滅煩惱賊，勇健無能踰，降伏四種魔，勝幡建道場。
雖知無起滅，示彼故有生，悉現諸國土，如日無不見。

以三十二相來莊嚴容貌，以八十種好來修飾姿態，穿著慚愧的上好衣服，以深心求道為花環飾物。擁有豐富的七種聖財，以此教導眾生，使財富滋長。根據所說的去修行，迴向正道獲得重大利益。

坐臥在四禪的床座上，清淨身命由此而生。多聞佛法能增長智慧，這就是菩薩使自己覺醒的音樂。以甘露味的涅槃為充饑的食物，以解脫的滋味為解渴的漿湯，以清淨心沐浴自己，以戒律為清除污垢的塗香。摧滅煩惱的盜賊，勇猛剛健無人能及，降伏四種魔怨，在道場中豎立勝利的旗幟。雖然知道不生不滅的真諦，為了救度大眾而受生，隨意就可以顯現於所有國土，如同太陽沒有人看不見。

供養於十方，無量億如來，諸佛及己身，無有分別想。
雖知諸佛國，及與眾生空，而常修淨土，教化於群生。
諸有眾生類，形聲及威儀，無畏力菩薩，一時能盡現。
覺知眾魔事，而示隨其行，以善方便智，隨意皆能現。
或示老病死，成就諸群生，了知如幻化，通達無有礙。
或現劫盡燒，天地皆洞然。眾人有常想，照令知無常。
無數億眾生，俱來請菩薩，一時到其舍，化令向佛道。
經書禁咒術，工巧諸技藝，盡現行此事，饒益諸群生。

已經供養十方無量如來，領悟到諸佛與自身並無分別，雖然知道佛國與眾生本性為空，仍常修正道以獲清淨佛土，並且教化眾生。眾生種類不同，有各式各樣的形相儀容。而擁有無畏神力的菩薩，能夠在一時之間使他們完全顯現。洞察眾魔的行事，卻顯示出依隨魔道的形相。以廣大的方便力和智慧，菩薩顯現一切，隨心所欲。或顯示出老、病、死的形態，以教化眾生，讓他們清楚了解一切都是虛幻的變化，通達於空而無有阻礙。或者顯現出劫盡的大火，洞然燒穿天地。眾人總以為這世界會長久永存，菩薩以此讓他們了解無常的真理。無數眾生都來邀請菩薩，一時間菩薩到了他們的居所，便教化他們修行佛道。對於世間的經書、禁咒術，還有各種工巧的技藝，菩薩都精通其中奧秘並且從事，以此來助益眾生。

心淨國土淨，娑婆世就是極樂世，西天不在西藏，不在印度，更不在外太空。離卦第四爻：「突如其來如，焚如，死如，棄如。」〈小象傳〉：「無所容也。」這是劫盡燒，毀滅一切，天地皆空。

世間眾道法，悉於中出家，因以解人惑，而不墮邪見。
或作日月天，梵王世界主，或時作地水，或復作風火。
劫中有疾役，現作諸藥草，若有服之者，除病消眾毒。
劫中有饑饉，現身作飲食，先救彼饑渴，卻以法語人。
劫中有刀兵，為之起慈悲，化彼諸眾生，令住無諍地。
若有大戰陣，立之以等力，菩薩現威勢，降伏使和安。

一切國土中，諸有地獄處，輒往到於彼，勉濟其苦惱。
一切國土中，畜生相食噉，皆現生於彼，為之作利益。
示受於五欲，亦復現行禪，令魔心憒亂，不能得其便。
火中生蓮花，是可謂稀有，在欲而行禪，希有亦如是。

世間各種道法教派，菩薩都在其中出家，是為了破解外道的迷惑，並不會因此墮入邪見。他有時化作日神月神，有時化作世界之主梵天王，有時變作地、水，有時變作風、火。在劫難中有疾病瘟疫，他可以變出各種藥草，眾生服食後便消除了病害。劫難中有饑荒，他可以變出飲食，先救助人民的饑渴，再教導他們佛法。教化眾生，讓他們心情寧靜不起爭執。若有殺人盈城盈野的大戰陣，菩薩便幫助弱者使雙方實力均等，再顯示威神降伏他們，使其和平安處。在一切國土中，凡有地獄的地方，菩薩親自進去救濟眾生，拔除他們的苦惱。在一切國土中，凡有畜生相互吞食的地方，菩薩都會轉生其中，幫助牠們獲得利益。菩薩既顯示貪求五欲，又顯示修行禪定，讓惡魔的心思潰亂，無法乘機加害。就像從火中生出蓮花，這樣的事情可稱稀有；在五欲之中而能修行禪定，正是一樣的稀有。

《管子．牧民篇》：「倉廩實而知禮節，衣食足而知榮辱。」《孟子．梁惠王篇》：「救死唯恐不贍，悉暇治禮義哉？」菩薩先得救濟眾生脫離苦難，再伺機施行教化。渙卦第二爻：「渙奔其机，悔亡。」聞聲救苦，建立救難平台。然後才能進到第三爻：「渙其躬，无悔。」第四爻：「渙其群，元吉。」第五爻：「渙汗其大號，渙王居。」《聖經．啟示錄》講末世時的人類命運四騎士，有饑饉、戰爭、瘟疫及死亡。佛教講三災八難，令人警醒。在欲而行禪，不是離欲而行禪，這是高級功夫，非大悲大智的菩薩辦不到。

或現作淫女，引諸好色者，先以欲鉤牽，後令入佛智。
或為邑中主，或作商人導，國師及大臣，以祐利眾生。
或有貧窮者，現作無盡藏，因以勸導之，令發菩提心。
我心憍慢者，為現大力士，消伏諸貢高，令住無上道。
其有恐懼眾，居前而慰安，先施以無畏，後令發道心。
或現離淫欲，為五通仙人，開導諸群生，令住戒忍慈。
見須供事者，現為作童僕，既悅可其意，乃發以道心。
隨彼之所須，得入於佛道，以善方便力，皆能給足之。
如是道無量，所行無有涯，智慧無邊際，度脫無數眾。
假令一切佛，於無數億劫，讚歎其功德，猶尚不能盡。
誰聞如是法，不發菩提心，除彼不肖人，癡冥無智者。

或者化身作淫蕩的美女，勾引那些好色的浪子，先以色欲引誘他們，然後令他們迷途知返，悟入佛智。或者化身為城邑的長官，或者化身為商界的領袖，或者化身為國師及大臣，以種種化身來庇佑助益眾生。對於那些窮困的貧民，菩薩變化出取之不盡的寶藏來救濟他們，再勸導他們發菩提心行善。對那些傲慢自負的人，菩薩化身為大力士，先壓伏消除他們的高傲之心，然後使其領悟無上佛道。對那些恐懼畏縮的人，菩薩來到面前先安慰他們，然後使其發心求道。或者化身為脫離淫欲的五通仙人，開導眾生安住在戒忍慈之中。對那些需要伺候的人，菩薩便化身為童僕，先使他們心意愉悅，再促其發心修道。以上根據各類眾生需要什麼條件才得修入佛道，運用方便力，都能滿足其需求。佛道如此無量無邊，菩薩的善行廣大無涯，智慧沒有邊際，度化解脫無數眾生。假使一切三世諸佛，在無數億劫中，對這樣的大菩薩行都讚歎其功德，尚且不能窮盡。有誰聽到這樣的佛法，還不肯發菩提心的，絕對是不肖愚劣，冥頑不靈。

《楞嚴經》一開始天魔女引誘阿難，開啟悟道之門，正是「先以欲鉤牽，後令入佛智。」五通仙人具備五種神通，還是有漏通，外道亦可修得，三乘證果者才是漏盡通。

入不二法門品第九

爾時，維摩詰謂眾菩薩言：「諸仁者，云何菩薩入不二法門？各隨所樂說之。」

會中有菩薩名法自在，說言：「諸仁者，生、滅為二。法本不生，今則無滅。得此無生法忍，是為入不二法門。」

德守菩薩曰：「我、我所為二。因有我故，便有我所；若無有我，則無我所。是為入不二法門。」

不眴菩薩曰：「受、不受為二。若法不受，則不可得。以不可得故，無取無捨，無作無行。是為入不二法門。」

德頂菩薩曰：「垢、淨為二。見垢實性，則無淨相，順於滅相。是為入不二法門。」

善宿菩薩曰：「是動、是念為二。不動則無念，無念則無分別。通達此者，是為入不二法門。」

善眼菩薩曰：「一相、無相為二。若知一相即是無相，亦不取無相，入於平等，是為入不二法門。」

妙臂菩薩曰：「菩薩心、聲聞心為二。觀心相空如幻化者，無菩薩心無聲聞心，是為入不二法門。」

弗沙菩薩曰：「善、不善為二。若不起善、不善，入無相際而通達者，是為入不二法門。」

這時，維摩詰對眾位菩薩說：「各位仁者，甚麼是菩薩領悟不二法門？你們各自說說看體會的心得。」

會中有菩薩名為法自在，說道：「各位仁者，生滅相互對立，有生才有滅，相對於滅才有生。但是究竟法並沒有真正的生，當然也沒有所謂滅。證得這樣的無生法忍，就是領悟了不二法門。」

德守菩薩說道：「主觀的自我與外界客觀的對象相互對立，因為有自我，便有我所認知的對象，如果根本沒有我，當然就沒有我所認知的對象，由此可領悟不二法門。」

不眴菩薩說道：「對外界的感受與不感受相互對立，若根本沒有感受，就沒有可得。因為究竟不可得，當然就沒有取捨，沒有作用與行為，由此可領悟不二法門。」咸卦為下經人間世第一卦，為人人皆有的無心自然的感受，〈大象傳〉：「君子以虛受人。」第四爻：「憧憧往來，朋從爾思。」〈繫辭傳〉記子曰：「天下何思何慮？天下同歸而殊途，一致而百慮，天下何思何慮？」一致即不二，雖分不礙合，才能成其大。

德頂菩薩說道：「污垢與清淨相互對立，如果認識到污垢的本性為空，也就沒有所謂清淨。皈依於寂滅的本性，由此可領悟不二法門。」《心經》：「是諸法空相，不生不滅，不垢不淨。」

善宿菩薩說道：「感受外物而起心動念，接著展開思維，二者相互依存。如果不動心，就不會有後面的思考念想，沒有思考，自然不會有對外界事物的分別。通達這個道理，可領悟不二法門。」

善眼菩薩說道：「萬物形形色色各有其相，究其實際為空故而無相。如果知道一相即是無相，又不執著於無相之空，以平等心觀照萬物，就是領悟了不二法門。」

妙臂菩薩說道：「大乘的菩薩心與小乘的羅漢心有區別，如果認識到心相畢竟為空，如同幻象，就不會有菩薩心與聲聞心的區別，就是領悟了不二法門。」

弗沙菩薩說道：「善與不善有別為二，如果心中根本不起善跟不善的分別，認識到本性皆空，通達真理而不偏執，就是領悟了不二法門。」《老子》：「天下皆知善之為善，斯不善已。」「善者吾善之，不善者吾亦善之，德善；信者吾信之，不信者吾亦信之，德信。」「善人者，不善人之師；不善人者，善人之資。不貴其師，不愛其資，雖智大迷，是謂要妙。」儘量去除分別心，化二為一，才是大智慧。《莊子・齊物論》發揮平等精義，極為詳盡，但真要做到絕不容易。

所謂不二法門，基本上就是破除二元對立，解消偏執一端的限制，超越相對，希望趨近絕對。大有卦的〈大象傳〉：「君子以遏惡揚善，順天休命。」這裡的善惡已去除人為的偏執，合乎天理人情，值得注意。

師子菩薩曰：「罪、福為二。若達罪性，則與福無異。以金剛慧決了此相，無縛無解者，是為入不二法門。」

師子意菩薩曰：「有漏、無漏為二。若得諸法等，則不起漏、不漏想。不著於相，亦不住無相，是為入不二法門。」

淨解菩薩曰：「有為、無為為二。若離一切數，則心如虛空。以清淨慧無所礙者，是為入不二法門。」

那羅延菩薩曰：「世間、出世間為二。世間性空，即是出世間，於其中不出不入，不溢不散，是為入不二法門。」

善意菩薩曰：「生死、涅槃為二。若見生死性，則無生死，無縛無解，不然不滅，如是解者，是為入不二法門。」

現見菩薩曰：「盡、不盡為二。法若究竟盡，若不盡，皆是無盡相。無盡相即是空，空則無有盡、不盡相。如是入者，是為入不二法門。」

普守菩薩曰：「我、無我為二。我尚不可得，非我何可得？見我實性者，不復起二，是為入不二法門。」

電天菩薩曰：「明、無明為二。無明實性即是明，明亦不可取。離一切數，於其中平等無二者，是為入不二法門。」

師子菩薩說道：「罪業、福報有別為二。如果透徹了解罪業的本性為空，那跟福報也就沒甚麼不同，以金剛智慧決斷二者本相，既無束縛亦無解脫，這就是領悟了不二法門。」

佛教有輪迴轉世的說法，前世造業犯罪會影響來世報應，而家人、睽、蹇、解四卦相綜相錯，恰合其理其相。一家人此生相聚，不是來報恩就是報仇，稱冤親債主。若想徹底了斷，當如解卦〈大象傳〉所稱：「君子以赦過宥罪。」噬嗑卦〈大象傳〉：「先王以明罰敕法。」有罪當罰，小罪輕易放過，會積累成大罪。〈繫辭傳〉記子曰：「小人不恥不仁，不畏不義，不見利不勸，不威不懲。小懲而大誡，此小人之福也。易曰：屨校滅趾，无咎。此之謂也！善不積不足以成名，惡不積不足以滅身，小人以小善為無益而弗為也，以小惡為無傷而弗去也，故惡積而不可掩，罪大而不可解。易曰：何校滅耳，凶。」

不犯罪業或誠心改過可獲福報。困卦第五爻〈小象傳〉：「利用祭祀，受福也。」井卦第三爻：「井渫不食，為我心惻。可用汲，王明，並受其福。」〈小象傳〉：「求王明，受福也。」晉卦第二爻：「受茲介福，于其王母。」泰卦第三爻：「勿恤其孚，于食有福。」既濟卦第五爻：「實受其福。」〈小象傳〉：「吉大來也！」

師子意菩薩說道：「有漏法與無漏法相對為二，如果認識到諸法平等，就不會起漏與不漏的念頭，既不著於有漏無漏之相，也不著於空無之相，這就領悟了不二法門。」

淨解菩薩說道：「有為法、無為法相待為二，如果去除一切法數的差別相，心中澄明如同虛空，以清淨智慧獲得無礙境界，就領悟了不二法門。」

那羅延菩薩說道：「世間、出世間相對為二，如果認識到世間的本性為空，那麼在世間就是出世間。在其中既不入世也不出世，不充溢也不流散，就領悟了不二法門。」那羅延是佛教裡面的大力士，已於前述。

善意菩薩說道：「生死、涅槃相對為二，如果認識到生死的本性為空，就脫離了生死而進入涅槃。既無生死的纏縛，也無涅槃的解脫，既不燃燒也不熄滅，懂了這個就進入不二法門。」

現見菩薩說道：「盡與不盡相對為二。從究竟的意義上說，盡與不盡並無差別，都是無盡之相。無盡相就是空，空就沒有盡與不盡的差別，能這樣悟入，就是不二法門。」《心經》：「無無明，亦無無明盡，無老死，亦無老死盡。」

普守菩薩說道：「我與無我相對為二。我本來就是虛幻不實，哪有甚麼無我可得？我的實性就是空性，能這樣理解就不會把我跟無我對立，就是進入了不二法門。」

電天菩薩說道：「明與無明為二。無明的實性就是明，明也不可執著。脫離一切區別計算，於二者中平等觀照，就是進入了不二法門。」

喜見菩薩曰：「色、色空為二。色即是空，非色滅空，色性自空。如是受、想、行、識。識、空為二。識即是空，非識滅空，識性自空。於其中而通達者，是為入不二法門。」

明相菩薩曰：「四種意、空種意為二。四種性即是空種性。如前際後際空故，中際亦空。若能如是知諸種性者，是為入不二法門。」

妙意菩薩曰：「眼、色為二。若知眼性，於色不貪不恚不癡，是名寂滅。如是耳聲、鼻香、舌味、身觸、意法為二。若知意性，於法不貪不恚不癡，是名寂滅。安住其中，是為入不二法門。」

無盡意菩薩曰：「布施、迴向一切智為二。布施性即是迴向一切智性。如是持戒、忍辱、精進、禪定、智慧，迴向一切智為二。智慧性即是迴向一切智性。於其中入一相者，是為入不二法門。」

深慧菩薩曰：「是空、是無相、是無作為二。空即無相，無相即無作。若空、無相、無作，則無心意識，於一解脫門，即是三解脫門者，是為入不二法門。」

寂根菩薩曰：「佛、法、眾為二。佛即是法，法即是眾，是三寶皆無為相，與虛空等，一切法亦爾。能隨此行者，是為入不二法門。」

心無礙菩薩曰：「身、身滅為二。身即是身滅。所以者何？見身實相者，不起見身及見滅身。身與滅身無二無分別，於其中不驚不懼者，是為入不二法門。」

上善菩薩曰：「身、口、意善為二。是三業皆無作相。身無作相即口無作相。口無作相即意無作相。是三業無作相，即一切法無作相。能如是隨無作慧者。是為入不二法門。」

喜見菩薩說道：「色相與色相空相對為二，色即是空，並非色相滅了以後才是空，而是色的本性即空。依此類推，識與識空相對為二，識即是空，並非識滅了以後才是空，而是識性本來就是空。能夠這樣通達看待色與空，以及受想行識與空的關係，就是進入了不二法門。」既然識即是空，阿賴耶識也是空，須轉成大圓鏡智，才是去妄求真。一般以阿賴耶識為根源，肯定錯了！我多年前曾占阿賴耶識為何？得出不變的升卦。前為姤、萃二卦，顯然是因緣際會所生。升卦六爻全變的錯卦為无妄卦，無妄就是真實，升卦顯為虛妄，所以第三爻稱「升虛邑」，連整個城邑都是虛幻的。

明相菩薩說道：「地水火風四大與空大二者相對，四大皆空，那麼四種性即是空種性。不管在產生前還是散滅後，或在產生與散滅之間，本性都是空。若能這樣去看待四大諸種性的，就可進入不二法門。」前際指過去，後際指未來，中際為現在。《金剛經》：「過去心不可得，現在心不可得，未來心不可得。」

妙意菩薩說道：「眼根與色境相對為二。如果瞭解眼的本性為空，對色境不貪戀、不恚怒、不癡迷，就稱為寂滅。像這樣，耳與聲、鼻與香、舌與味、身與觸、意與法，都相對為二。只要認識到六根的本性為空，不貪戀、不恚怒、不癡迷，都稱為寂滅，然後安住於寂滅中，就是悟入了不二法門。」

無盡意菩薩說道：「布施為因，迴向一切智為果，相對為二。布施的本性就是迴向一切智的本性。既然布施是這樣，六度萬行的持戒、忍辱、精進、禪定、智慧，都與迴向一切智無二，而智慧本性就是迴向一切智的本性，認識到它們的本性相同無二，就是悟入了不二法門。」

深慧菩薩說道：「空、無相、無作三者相互對立。空就是無相，無相就是無作。如果領悟到空、無相、無作本無區別，就沒有心、意、識的分別產生。處在任一解脫法門中，就是處在三個解脫法門中，這就是進入了不二法門。」唯識學中，心為阿賴耶識，意為末那識，識為眼耳鼻舌身意的前六識。

寂根菩薩說道：「佛、法、僧眾相對。佛就是法，法就是僧眾，三寶本性都是無為，與虛空等同，世間一切法都是如此。能夠依從這真諦，就是進入了不二法門。」

心無礙菩薩說道：「身體存在與身體消滅相對為二，其實身體存在就是身體消滅，為什麼呢？認識到身體本性為空，就不會看到身體存在，也不會看到身體消滅。二者等同並無分別，對身存身滅都不驚不懼的，就是進入了不二法門。」

上善菩薩說道：「身、口、意三業相對。這三業本性都是無作，身本性為無作，就是口本性為無作；口本性為無作，就是意本性為無作。這三業本性都是無作，就是世間一切法都是無作。能夠依從這種大智慧的，就是進入了不二法門。」艮卦講止欲修行，第四爻：「艮其身，无咎。」第五爻：「艮其輔，言有序，悔亡。」第三爻：「艮其限，列其夤，厲熏心。」身、口、意三業都得節制，才能修成上爻「敦艮吉」的圓融境界。

福田菩薩曰：「福行、罪行、不動行為二。三行實性即是空，空則無福行，無罪行，無不動行。於此三行而不起者，是為入不二法門。」

華嚴菩薩曰：「從我起二為二。見我實相者，不起二法。若不住二法，則無有識。無所識者，是為入不二法門。」

德藏菩薩曰：「有所得相為二。若無所得，則無取捨。無取捨者，是為入不二法門。」

月上菩薩曰：「闇與明為二。無闇無明，則無有二。所以者何？如入滅受想定，無闇無明，一切法相亦復如是。於其中平等入者，是為入不二法門。」

寶印手菩薩曰：「樂涅槃、不樂世間為二。若不樂涅槃，不厭世間，則無有二。所以者何？若有縛，則有解；若本無縛，其誰求解？無縛無解，則無樂厭。是為入不二法門。」

珠頂王菩薩曰：「正道、邪道為二。住正道者，則不分別是邪是正。離此二者，是為入不二法門。」

樂實菩薩曰：「實、不實為二。實見者，尚不見實，何況非實？所以者何？非肉眼所見，慧眼乃能見，而此慧眼無見無不見，是為入不二法門。」

福田菩薩說道：「福行、罪行，不動行三者相對。三行的本性都是空，既然空就沒有所謂福行、罪行、不動行的區分。對這三行平等觀照，不起分別偏見，就是進入了不二法門。」福行即三善道行，罪行即三惡道行，不動行已解脫出三界，不會受種種欲望煩惱所牽制。

華嚴菩薩說道：「因為有我就有非我，一切二元對立由此而起。如果認識到自我的本性為空，也就沒有了二元的觀念。沒有了二元的觀念，就沒有對世間一切的區別認識。沒有區別認識，就是進入了不二法門。」頤卦初爻：「舍爾靈龜，觀我朵頤。」彼此對立嚴重。中孚卦第二爻：「鳴鶴在陰，其子和之；我有好爵，吾與爾靡之。」一同分享，仍有爾我之分。第五爻：「有孚攣如，无咎。」不分彼此，渾然一體。

德藏菩薩說道：「世間一切二元對立，出於欲有所得。若根本無所得，則無取捨。無取無捨，就進入了不二法門。」

月上菩薩說道：「闇與明相對為二。若沒有明闇的區分，就沒有二元對立。為什麼呢？如果修行者能修到滅受想定的境界，根本就沒有明暗的差別。一切法相可以類推，都是這樣。在其中平等觀照不加分別，就是進入了不二法門。」

寶印手菩薩說道：「樂於涅槃與不樂於世間相對為二，如果不樂涅槃，也不厭棄世間，就沒有二元對立。為什麼呢？若有束縛，就有解脫；若根本沒有束縛，何來解脫？沒有束縛沒有解脫，就沒有喜樂與厭棄的差別，這就是進入了不二法門。」

珠頂王菩薩說道：「正道、邪道對立為二。若安住於正道中，就不會有邪道產生，也就沒有正邪的區分。脫離這二者的分別，就是進入了不二法門。」

樂實菩薩說：「真實與不真實相對為二。所謂真實究竟為空，根本見不到，何況不真實呢？為什麼呢？真實並非肉眼所見，只有慧眼才能見到，而此慧眼是一無所見又無所不見，這就是進入了不二法門。」

如是，諸菩薩各各說已，問文殊師利：「何等是菩薩入不二法門？」

文殊師利曰：「如我意者，於一切法無言無說，無示無識，離諸問答，是為入不二法門。」

於是文殊師利問維摩詰：「我等各自說已。仁者當說，何等是菩薩入不二法門？」

時維摩詰默然無言。

文殊師利歎曰：「善哉，善哉！乃至無有文字語言，是真入不二法門。」

說是入不二法門品時，於此眾中五千菩薩，皆入不二法門，得無生法忍。

就這樣，諸位菩薩各自說完了體會，然後問文殊師利道：「甚麼是菩薩入不二法門？」文殊師利說道：「按照我的看法，對世間一切既不描述也不言說，不顯示也不加識別，脫離了種種問答，這才是真的進入不二法門。」

於是文殊師利問維摩詰道：「我們都各自說完了，仁者該你說了吧！怎樣才是菩薩領悟了不二法門？」

這時，維摩詰默不作聲。

文殊師利讚歎道：「好啊，好啊！維摩詰已經到了沒有文字語言的地步，這才是真正進入了不二法門啊！」禪宗不立文字，明心見性，與此意同。

在說這不二法門的時候，會眾中五千位菩薩，都領悟了不二法門，得證無生法忍。

香積佛品第十

於是舍利弗心念：「日時欲至，此諸菩薩當於何食？」時維摩詰知其意而語言：「佛說八解脫，仁者受行，豈雜飲食而聞法乎？若欲食者，且待須臾，當令汝得未曾有食。」

時維摩詰即入三昧，以神通力，示諸大眾上方界分。過四十二恆河沙佛土，有國名眾香；佛號香積，今現在。其國香氣比於十方諸佛世界人天之香，最為第一。彼土無有聲聞、辟支佛名；唯有清淨大菩薩眾，佛為說法。其界一切皆以香作，樓閣、經行、香地、苑園皆香，其食香氣周流十方無量世界。時彼佛與諸菩薩方共坐食。有諸天子皆號香嚴，悉發阿耨多羅三藐三菩提心，供養彼佛及供養諸菩薩。此諸大眾莫不目見。

於是舍利弗心中想到：「已經快到中午了，這裡諸位菩薩應當到哪裡去用餐呢？」維摩詰探知他的心意，說道：「佛祖曾教導八解脫法門，仁者你已信受奉行，為何聽法時還想著世俗的飲食呢？如果真想進食，請先等會兒，我會讓你吃到從未嚐過的好東西。」

接著維摩詰立即入定，運用神通，向與會大眾展示上方世界的景象。經過四十二恆河沙數的佛土，有一眾香國；佛號名香積，如今正在。比起其餘十方諸佛世界，人天的香氣最為殊勝。這佛土沒有聲聞、辟支佛名稱，都是清淨大菩薩，請香積佛為他們說法。整個世界都以妙香作成，樓閣、經行處、香地、苑園都散發出香氣。食物的香氣周流十方無量世界。當時香積佛正與諸位菩薩坐著用餐。有眾多天子都號香嚴，全部發心求證無上正等正覺，供養香積佛以及諸菩薩。這種情境，全部呈現在大家的眼前。

時維摩詰問眾菩薩：「諸仁者，誰能致彼佛飯？」以文殊師利威神力故，咸皆默然。維摩詰言：「仁！此大眾無乃可恥？」文殊師利曰：「如佛所言，勿輕未學。」於是維摩詰不起於座，居眾會前，化作菩薩，相好光明，威德殊勝，蔽於眾會，而告之曰：「汝往上方界分，度如四十二恆河沙佛土，有國名眾香，佛號香積，與諸菩薩方共坐食。汝往到彼，如我詞曰：『維摩詰稽首世尊足下，致敬無量，問訊起居，少病少惱，氣力安不？願得世尊所食之餘，當於娑婆世界施作佛事，令此樂小法者，得弘大道，亦使如來名聲普聞。』」

這時維摩詰問眾菩薩道：「諸位仁者，誰能夠取到那位香積佛祖的飯食？」因為文殊師利威德神力的緣故，大家都默不作聲。維摩詰說道：「仁者文殊師利啊，這樣的大眾不是太可恥了嗎？」文殊師利說道：「如佛所說過的一樣，請不要輕視初學者。」《論語・子罕篇》記子曰：「後生可畏，焉知來者之不如今也？四十、五十而無聞焉，斯亦不足畏也已！」資歷雖淺，將來成就說不定比前輩高。

於是維摩詰安坐於床上，就在大眾前面變出一個化身菩薩來，形相光明美好，威儀功德殊勝，神光映蔽與會大眾，叮囑他說：「你往上方世界，度過四十二恆河沙數的佛土，有一國名為眾香，其佛號香積，正與諸位菩薩共坐用餐。你到那裡，就這麼說：『維摩詰居士向您稽首行禮，致以最高的敬意，問候起居，祝您少病少惱，身心安樂。希望能得到世尊剩餘的飯食，布施給娑婆世界作佛事，讓那些耽溺於小乘法的眾生得以弘揚大道，也使您的名聲遠播寰宇。』」

時化菩薩，即此會前，升於上方，舉眾皆見其去，到眾香界禮彼佛足，又聞其言：「維摩詰稽首世尊足下，致敬無量問訊起居，少病少惱，氣力安不？願得世尊所食之餘，欲於娑婆世界施作佛事，使此樂小法者，得弘大道，亦使如來名聲普聞。」彼諸大士，見化菩薩，歎未曾有：「今此上人從何所來？娑婆世界為在何許？云何名為樂小法者？」即以問佛。佛告之曰：「下方度如四十二恆河沙佛土，有世界名娑婆，佛號釋迦牟尼，今現在。於五濁惡世為樂小法眾敷演道教。彼有菩薩名維摩詰，住不可思議解脫，為諸菩薩說法，故遣化來稱揚我名，並讚此土，令彼菩薩增益功德。」彼菩薩言：「其人何如？乃作是化，德力無畏，神足若斯。」佛言：「甚大！一切十方，皆遣化往，施作佛事，饒益眾生。」

當時這位化身菩薩就在大眾面前騰空飛升，大眾都看見他飛到眾香世界，向香積如來稽首行禮，又聽到他說：「維摩詰向世尊頂禮致敬，問候您起居，祝您少病少惱，身心安樂。希望能得到世尊剩餘的飯食，布施給娑婆世界作佛事，讓那些耽溺於小乘法的眾生得以弘揚大道，也使您的名聲遠播寰宇。」在那世界的眾位大士，見到這化身菩薩，驚歎是未曾有過的奇蹟，問道：「這位上人是從哪裡來的呢？娑婆世界又在哪兒？甚麼叫做耽溺於小乘法的眾生？」隨即向香積如來請教，如來告訴他們說：「從這兒往下方度過如四十二恆河沙數的佛土，有世界名為娑婆，其佛號釋迦牟尼，如今正在五濁惡世中，為耽溺於小乘法的眾生敷衍佛法。那裡有位菩薩名維摩詰，安住於不可思議解脫法門中為諸菩薩說法，因此派遣了化身菩薩來稱揚我名號，並且讚美這佛土，以使娑婆世界的諸位菩薩增益功德。」眾位菩薩問道：「他是個甚麼樣的人呢？能作這樣的變化，威德神力無所畏懼，神足功夫修到了這樣的地步！」佛說：「確實了不起！一切十方世界他都派遣化身前往，布施舉辦佛事，造福眾生。」

於是香積如來以眾香缽盛滿了香飯，與化菩薩。時彼九百萬菩薩俱發聲言：「我欲詣娑婆世界供養釋迦牟尼佛，並欲見維摩詰等諸菩薩眾。」佛言：「可往。攝汝身香，無令彼諸眾生起惑著心。又當捨汝本形，勿使彼國求菩薩者而自鄙恥。又汝於彼莫懷輕賤而作礙想。所以者何？十方國土，皆如虛空；又諸佛為了欲化諸樂小法者，不盡現其清淨土耳。」

時化菩薩既受鉢飯，與彼九百萬菩薩俱，承佛威神及維摩詰力，於彼世界忽然不現，須臾之間至維摩詰舍。

於是香積如來用眾香鉢盛滿了香飯，遞給化身菩薩。這時九百萬菩薩一同發言：「我們都想到娑婆世界去供養釋迦牟尼佛，並且會見維摩詰等諸位菩薩。」佛說：「去吧。收斂你們身上的香氣，不要讓那世界的眾生迷醉沉溺。還有也當變化你們本來的形貌，不要讓那國度裡追求菩薩道的眾生感到自卑。還有不可輕視侮慢他們，心中有所障礙。為什麼呢？十方國土都如虛空，諸佛只是為了教化那些陷溺小道的眾生，才不完全顯現佛土的清淨罷了。」

化身菩薩接受了鉢飯，便與那九百萬菩薩一同，秉承香積如來的威神和維摩詰的神通，忽然從眾香世界消失不見，瞬間就回到維摩詰的居室。

時維摩詰即化作九百萬師子之座，嚴好如前，諸菩薩皆坐其上。時化菩薩以滿鉢香飯與維摩詰，飯香普薰毗耶離城及三千大千世界。時毗耶離婆羅門、居士等聞是香氣，身意快然，歎未曾有。於是長者主月蓋，從八萬四千人來入維摩詰舍，見其室中菩薩甚多，諸師子座高廣嚴好，皆大歡喜，禮眾菩薩及大弟子，卻住一面。諸地神、虛空神，及欲色界諸天，聞此香氣，亦皆來入維摩詰舍。

那時維摩詰當即變化出九百萬師子座，莊嚴美好如同前面出現過的一樣，讓諸位彼方菩薩安坐其上。化身菩薩將滿缽的香飯呈給維摩詰，飯食的香氣薰染了整個毗耶離城及所有三千大千世界。毗耶離城中的婆羅門、居士等聞到這種香氣，身心暢快。都讚歎是未曾有過的奇蹟。於是長者主月蓋，領著隨從八萬四千人來到維摩詰居室。他們看到室中菩薩甚多，師子寶座高大莊嚴，都十分高興。向眾菩薩及諸大弟子行禮，然後站在一旁。諸地神、虛空神，以及欲界、色界諸天，聞到香氣，也都來到維摩詰的居室。

時維摩詰語舍利弗等諸大聲聞：「仁者，可食。如來甘露味飯，大悲所薰，無以限意食之，使不消也。」有異聲聞念：「是飯少，而此大眾人人當食。」化菩薩曰：「勿以聲聞小德小智稱量如來無量佛慧。四海有竭，此飯無盡。使一切人食，摶若須彌，乃至一劫，猶不能盡。所以者何？無盡戒、定、智慧、解脫知見功德具足者所食之餘，終不可盡。」於是缽飯悉飽眾會，猶故不賜。其諸菩薩聲聞天人，食此飯者，身安快樂，譬如一切樂莊嚴國諸菩薩也。又諸毛孔皆出妙香，亦如眾香國土諸樹之香。

這時維摩詰對舍利弗等諸大聲聞弟子說到：「仁者，請吃吧。這是香積如來所施捨的甘露味飯，為大悲之香薰染。請別用狹小有限的心意去食用，那會無法消受。」有外道的聲聞弟子心中想到：「這飯太少，這麼多人怎麼都吃得到呢？」化身菩薩說道：「千萬不要以聲聞乘的小德小智，去揣測如來無量的福慧。四海都有枯竭的時候，這飯卻永遠吃不完，縱使天下所有人都來吃，每人吃的飯糰大如須彌山王，一劫以後還吃不完。為什麼呢？因為這飯是已經獲得無盡的戒、定、慧、解脫、解脫知見五分法身，功德圓滿的香積如來吃剩的，終歸是無法吃完。」於是這一缽飯食讓大家都吃飽，尚且有剩餘。諸菩薩、聲聞弟子、天人，吃過這飯食後，身體舒適，心情愉快，就像一切樂莊嚴國的菩薩。而且全身毛孔都散發出妙香，也同眾香國土上樹木的香氣一樣。《聖經》裡面耶穌展現奇蹟，五餅二魚分給再多人吃都吃不完，宗教很多超越的想法都差不多。

爾時，維摩詰問眾香菩薩：「香積如來，以何說法？」彼菩薩曰：「我土如來，無文字說，但以眾香令諸天人得入律行。菩薩各各坐香樹下，聞斯妙香，即獲一切德藏三昧。得是三昧者，菩薩所有功德皆悉具足。」

這時，維摩詰問眾香菩薩道：「香積如來怎麼說法？」眾位菩薩回答：「我們世界的如來，不以文字說法，只用各種美妙香氣使諸天人持守戒律、行為規範。菩薩各自坐在香樹下，聞到飄散的香氣，便獲得具足一切功德的三昧禪定。得到這樣的三昧禪定，菩薩便具備了所有功德。」

彼諸菩薩問維摩詰：「今世尊釋迦牟尼，以何說法？」維摩詰言：「此土眾生，剛強難化，故佛為說剛強之語以調伏之。言是地獄，是畜生，是餓鬼，是諸難處，是愚人生處。是身邪行，是身邪行報；是口邪行，是口邪行報；是意邪行，是意邪行報。是殺生，是殺生報；是不與取，是不與取報；是邪淫，是邪淫報。是妄語，是妄語報；是兩舌，是兩舌報；是惡口，是惡口報；是無義語，是無義語報。是貪嫉，是貪嫉報；是嗔惱，是嗔惱報；是邪見，是邪見報。是慳吝，是慳吝報；是毀戒，是毀戒報；是嗔恚，是嗔恚報；是懈怠，是懈怠報；是亂意，是亂意報；是愚癡，是愚癡報。是結戒，是持戒，是犯戒；是應作，是不應作；是障礙，是不障礙；是得罪，是離罪；是淨，是垢；是有漏，是無漏；是邪道，是正道；是有為，是無為；是世間，是涅槃。以難化之人，心如猿猴，故以若干種法制御其心，乃可調伏。譬如象馬攏悷不調，加諸楚毒，乃至徹骨，然後調伏。如是剛強難化眾生，故以一切苦切之言乃可入律。」

眾香世界的諸位菩薩問維摩詰：「娑婆世界的世尊釋迦牟尼，如何說法？」維摩詰答：「這世上的眾生，頑固強硬難以教化，因此佛為他們說剛強之語以調伏其性。告訴我們甚麼是地獄，是畜生，是餓鬼，是諸難處，是外道愚癡所生之處。身有邪行，必有身邪行的報應；口有邪行，必有口邪行的報應；意有邪行，必有意邪行的報應。殺生就有殺生的報應；偷盜就有偷盜的報應；邪淫就有邪淫的報應；妄語就有妄語的報應；兩舌搬弄是非，就有兩舌的報應。惡口有惡口的報應；無義語有無義語的報應；貪嫉有貪嫉的報應；嗔惱有嗔惱的報應；邪見有邪見的報應；慳吝有慳吝的報應；毀戒有毀戒的報應；嗔恚有嗔恚的報應；懈怠有懈怠的報應；亂意有亂意的報應；愚癡有愚癡的報應。甚麼是結戒，甚麼是持戒，甚麼是犯戒，甚麼是應作，甚麼是不應作；甚麼是障礙，甚麼是不障礙，甚麼是得罪，甚麼是離罪；甚麼是淨，甚麼是垢，甚麼是有漏，甚麼是無漏，甚麼是邪道，甚麼是正道；甚麼是有為，甚麼是無為，甚麼是世間，甚麼是涅槃。因為這世界中難以教化的人，心思動盪不馴如猿猴，所以要施行各種法門來約束限制其心意，才能調伏。譬如大象馬匹暴烈難馴，就得加以鞭策，使其有徹骨的痛楚，才會馴伏。像這樣，眾生愚昧頑固難以教化，因此要以一切痛苦深切的話語，才能使他們持律修行。」

《西遊記》的回目裡所稱「心猿」就是孫悟空，心猿意馬太難調伏，壓了五百年放出來，還得觀音菩薩用緊箍咒來矯正。

彼諸菩薩聞說是已，皆曰：「未曾有也！如世尊釋迦牟尼佛，引其無量自在之力，乃以貧所樂法度脫眾生。斯諸菩薩，亦能勞謙，以無量大悲，生是佛土。」維摩詰言：

「此土菩薩，於諸眾生大悲堅固，誠如所言。然其一世饒益眾生，多於彼國百千劫行。所以者何？此娑婆世界有十事善法，諸餘淨土之所無有。何等為十？以布施攝貧窮，以淨戒攝毀禁，以忍辱攝嗔恚，以精進攝懈怠，以禪定攝亂意，以智慧攝愚癡。說除難法度八難者，以大乘法度樂小乘者。以諸善根濟無德者，常以四攝成就眾生。是為十。」

那些從眾香國來的菩薩聽完這段話，都讚嘆道：「真是從未聽過的奇蹟啊！世尊釋迦牟尼佛，這樣隱藏自己無量自在的神力，以貧苦困厄眾生所樂於接受的法門來度化他們。他旁邊這些大菩薩，也能任勞任怨，以無量大悲心來生這娑婆世界，協助弘法。」維摩詰說道：「這佛土上的諸位菩薩，對眾生發起深厚堅固的大悲心，確如各位所言。他們在一生中對眾生的助益，比別的國土千百劫中所有的善行加起來還多，為什麼呢？這娑婆世界有十種行善的法門，是其他淨土所沒有的。是哪十種呢？以布施濟度貧窮，以清淨持戒協助犯戒的眾生，以忍辱化除嗔恚之心，以精進克服懈怠，以禪定消除心意煩亂，以智慧點化愚癡，宣說消除苦難的法門度過八難，以大乘法度化耽樂小乘的眾生，以各種善根救濟無德之人，常以布施、利行、愛語、同事的四攝法成就眾生，這就是十種行善的法門。」

「勞謙」一詞，出自謙卦第三爻：「勞謙君子，有終吉。」〈小象傳〉：「萬民服也。」〈繫辭傳〉記子曰：「勞而不伐，有功而不德，厚之至也，語以其功下人者也。德言盛，禮言恭，謙也者，致恭以存其位者也。」可謂讚譽倍至。謙和受益之理，〈彖傳〉中發揮詳盡，通天道、地道、人道、鬼神道。菩薩能勞謙，自然圓善有終。

彼菩薩曰：「菩薩成就幾法，於此世界行無瘡疣，生於淨土？」維摩詰言：「菩薩成就八法，於此世界行無瘡疣，生於淨土。何等為八？饒益眾生而不望報；代一切眾生受諸苦惱，所作功德盡以施之；等心眾生，謙下無礙；於諸菩薩視之如佛；所未聞經聞之不疑，不與聲聞而相違背；不嫉彼供，不高己利，而於其中調伏其心；常省己過，不訟彼短；恆以一心，求諸功德。是謂八法。」

維摩詰、文殊師利於大眾中說是法時，百千天人皆發阿耨多羅三藐三菩提心，十千菩薩得無生法忍。

眾香世界諸位菩薩問道：「這邊的菩薩要成就幾種法門，才能行為完美沒有缺陷，命終後往生淨土？」維摩詰答道：「菩薩要成就八種法門，才能在這世界行為完美沒有缺陷，命終後往生淨土。哪八種呢？饒益眾生而不期望報答；代一切眾生承受各種苦惱，所作的功德完全布施給眾生；以平等心對待一切眾生，態度謙恭了無罣礙；敬愛諸位菩薩視之如佛；對沒聽聞過的經典深信不疑，卻不與聲聞小乘相違背；不嫉妒別人所受的供養，也不炫耀自己的功德利益，而在其中調伏自己的心意；經常反省自己的過失，不責備別人的短處，總是專心一意修求功德。這就是菩薩要成就的八種法門。」

饒益眾生而不望報答，益卦第五爻即為表率：「有孚惠心，勿問元吉，有孚惠我德。」施惠而不望報，受惠者感恩圖報，遂成互信互愛互惠的善的循環。上爻自私自利，居心不正不全，反而遭凶：「莫益之，或擊之，立心勿恒，凶。」

觀卦第五爻：「觀我生，君子无咎。」〈小象傳〉：「觀民也。」居先王觀民設教之位，為眾生所觀仰。上爻：「觀其生，君子无咎。」〈小象傳〉：「志未平也。」忌妒第五爻所受的供養，心志不平，應設法調伏。否則嗔念一起，較量惡化成鬥爭，就進入了下一卦噬嗑，墮落為冤仇糾葛的阿修羅境地。

《論語．憲問篇》：「子貢方人。子曰：賜也賢乎哉？夫我則不暇。」子貢才高喜批評別人，孔子說他應該反省自己的過失。菩薩常省己過，不訟彼短，與此完全相通。

恒卦一心求諸功德，〈大象傳〉：「雷風恒，君子以立不易方。」雷風激盪不已，君子堅守立場不動搖。〈彖傳〉：「天地之道，恆久而不已也……聖人久於其道而天下化成。」〈繫辭傳〉：「恒，德之固也……恒以一德。」無恆心毅力，萬事難成。

當維摩詰和文殊師利在大眾中這樣說法的時候，成百上千的天人都發心求取無上正等正覺，一萬菩薩證得無生法忍。

菩薩行品第十一

是時，佛說法於庵羅樹園，其地忽然廣博嚴事，一切眾會皆作金色。阿難白佛言：「世尊，以何因緣，有此瑞應？是處忽然廣博嚴事，一切眾會皆作金色！」佛告阿難：「是維摩詰、文殊師利，與諸大眾恭敬圍繞，發意欲來，故先為此瑞應。」

於是維摩詰就語文殊師利：「可共見佛，與諸菩薩禮事供養。」文殊師利言：「善哉，行矣！今正是時。」維摩詰即以神力，持諸大眾並師子座置於右掌，往詣佛所。到已著地。稽首佛足，右繞七匝，一心合掌，在一面立。其諸菩薩，即皆避座，稽首佛足，亦繞七匝，於一面立。諸大弟子、釋、梵、四天王等，亦皆避座，稽首佛足，在一面立。

這時，佛祖釋迦牟尼在庵羅樹園說法，忽然之間，道場變得非常開闊且富麗莊嚴，一切聽法大眾都呈現金色。阿難對佛祖陳言：「世尊，是甚麼因緣產生了這樣的祥瑞？這園中忽然變得非常開闊又富麗莊嚴，一切聽法大眾都呈現金色。」佛告訴阿難：「這是維摩詰和文殊師利，在大眾的恭敬圍繞之中，起心動念要來這裡，所以出現這樣的祥瑞。」

於是維摩詰對文殊師利說道：「我們一同去晉見佛祖，與諸位菩薩禮敬供養如來。」文殊師利說：「好啊！走吧！現在正是時候。」維摩詰隨即展現神通，將室中大眾和師子座都托在右掌，前往佛所在的處所。到達以後將他們放在地上，向佛足稽首行禮，右行繞佛七圈，恭敬合掌，站在一旁。其他諸位菩薩也都離開座位，向佛足稽首行禮，繞佛七圈，站在一旁。諸大弟子、天帝釋、梵天、四天王等，也都離開座位，向佛足稽首行禮，站在一旁。

於是世尊如法慰問諸菩薩已，各令復座，即皆受教。眾坐已定，佛語舍利弗：「汝見菩薩大士自在神力之所為乎？」「唯然，已見。」「汝意云何？」「世尊！我睹其為不可思議，非意所圖，非度所測。」

爾時，阿難白佛言：「世尊，今所聞香，自昔未有，是為何香？」佛告阿難：「是彼菩薩毛孔之香。」於是舍利弗語阿難言：「我等毛孔亦出是香。」阿難言：「此所從來？」曰：「是長者維摩詰從眾香國取佛餘飯。於舍食者，一切毛孔，皆香若此。」阿難問維摩詰：「是香氣住當久如？」維摩詰言：「至此飯消。」曰：「此飯久如當消？」曰：「此飯勢力，至於七日，然後乃消。又，阿難，若聲聞人未入正位食此飯者，得入正位，然後乃消；已入正位食此飯者，得心解脫，然後乃消。若未發大乘意食此飯者，至發意乃消；已發意食此飯者，得無生忍，然後乃消；已得無生忍食此飯者，至一生補處，然後乃消。譬如有藥，名曰上味，其有服者，身諸毒滅，然後乃消。此飯如是，滅除一切諸煩惱毒，然後乃消。」

於是世尊照例慰問諸菩薩，然後讓他們回到各自的座位，眾人於是都領教入座。大家各歸本座之後，佛祖對舍利弗說：「你看見菩薩大士運用自在神通所做的事嗎？」舍利弗答：「是的，我已經看到了。」「那你覺得如何？」「世尊！我親眼目睹菩薩神通的不可思議，這不是我能夠想像，也不是我能夠測度的。」

這時阿難向佛陳言：「世尊，現在我所聞到的香氣，是從來沒聞過的，這到底是甚麼香氣啊？」佛告訴阿難：「這是諸位菩薩毛孔中散發出的香氣。」於是舍利弗對阿難說道：「我們的毛孔也散發出同樣的香氣啊。」阿難問道：「這香氣從哪裡來的？」舍利弗答道：「這是長者維摩詰從眾香國取來香積佛的剩飯。在維摩詰居室中吃了這剩飯的人，全身毛孔都散發出這樣的香氣。」

阿難就問維摩詰：「它還可以香多久？」維摩詰答道：「會留存到這飯完全消化的時候。」問道：「這飯多久會完全消化呢？」答道：「這飯的效力要過七天以後才會消化。另外，阿難，如果是未成阿羅漢果正位的聲聞弟子吃了這飯，就要到他修成阿羅漢果後才會消化；那已經是獲得了阿羅漢果的吃了這飯呢，就要等他的清淨心徹底解脫之後才消化；如果是還沒有發心修大乘的吃了這飯，要等到他發心後才消化；已經發心修大乘的吃了這飯，要等他得到無生法忍之後才會消化；已得無生法忍的吃了這飯，要到他還有一生便能成佛的時候才會消化。譬如有一種最好的藥，名叫『上味』，服食這種藥的人，要到身上各種毒素都消滅，藥效才會消失。這飯也是這樣，要到滅盡一切煩惱之毒後，才會消化。」

七日乃消，這與復卦「七日來復」之理相關，復見天地之心，正是回歸自性。什麼叫做一生補處？就是彌勒佛，所謂未來佛，接替釋迦摩尼佛繼續弘法利生。在未成佛之前還是菩薩，再過一生才能成佛，補足佛位。

阿難白佛言：「未曾有也！世尊，如此香飯，能作佛事？」佛言：「如是，如是！阿難，或有佛土，以佛光明而作佛事；有以諸菩薩而作佛事；有以佛所化人而作佛事；有以菩提樹而作佛事；有以佛衣服臥具而作佛事；有以飯食而作佛事；有以園林臺觀而作佛事；有以三十二相八十隨形好而作佛事；有以佛身而作佛事；有以虛空而作佛事；眾生應以此緣，得入律行。有以夢幻、影響、鏡中象、水中月、熱時焰，如是等喻而作佛事；有以音聲、語言、文字而作佛事；或有清淨佛土，寂寞無言、無說、無示、無識、無作、無為而作佛事。如是！阿難，諸佛威儀進止，諸所施為，無非佛事。阿難！有此四魔八萬四千諸煩惱門，而諸眾生為之疲勞，諸佛即以此法而作佛事，是名入一切諸佛法門。菩薩入此門者，若見一切淨好佛土，不以為喜，不貪不高；見一切不淨佛土，不以為憂，不礙不沒；但於諸佛生清淨心，歡喜恭敬，未曾有也。」

阿難向佛陳言：「這真是從未有過的奇蹟啊！世尊，這樣的香飯居然能作佛事？」佛祖道：「正是這樣，正是這樣！阿難，有的佛土以佛的光明來辦佛事；有的以諸菩薩來辦佛事；有的以佛所變出來的化身菩薩來辦佛事；有的以菩提樹來辦佛事；有的以佛的衣服臥具來辦佛事；有的以飯食來辦佛事；有的以園林臺觀來辦佛事；有的以三十二相八十隨形好來辦佛事；有的以佛身來辦佛事；有的以虛空來辦佛事。眾生應以此種種機緣，遵從戒律行事。有的以迷夢幻景、鏡中映象、水中月色、熱時陽焰等等譬喻來辦佛事；有的以音聲、語言、文字來辦佛事；還有的以清淨佛土，寂寞無言無說、無所顯示、無所求索認識、無所作為，以此來辦佛事。正是如此，阿難！諸佛的進退威儀，所有言行作為，都是佛事。阿難！有這樣的四種魔怨和八萬四千種煩惱之門，而眾生為這些煩惱疲憊不堪，諸佛便以這種煩惱來辦佛事，這就是入一切諸佛法門。進入這法門的菩薩，如果看見一切清淨美好的佛土，並不覺得歡喜，也不因此貪戀高傲；如果看見一切不清淨的佛土，也不覺得憂慮，不會罣礙煩惱；只是對一切諸佛發清淨之心，歡喜恭敬，讚嘆這是未曾有過的奇蹟。」

「諸佛如來，功德平等，為教化眾生故，而現佛土不同。阿難！汝見諸佛國土，地有若干，而虛空無若干也；如是見諸佛色身有若干耳，其無礙慧無若干也。阿難，諸佛色身、威相、種姓、戒定智慧解脫解脫知見、力無所畏不共之法、大慈大悲、威儀所行、及其壽命、說法教化成就眾生、淨佛國土、具諸佛法，悉皆同等。是故名為『三藐三佛陀』，名為『多陀阿伽度』，名為『佛陀』。」

「諸佛如來的功德都是平等的，只是為了教化眾生的緣故，才顯現出種種不同的佛土形相而已。阿難！你看到的諸佛國土，土地有種種分別，而虛空卻無分別啊；正像這樣，你看見諸佛色身雖然不同，它們通達無礙的靈通智慧卻是同樣的啊。阿難！諸佛的色身、威相、種姓、戒、定、智慧、解脫，解脫知見五分法身、十力、四無畏、十八不共之法、大慈大悲之心、施行威儀、無量壽命，以及說法教化成就眾生、清淨佛土，所擁有的各種佛法，一切都同等。這就叫做『三藐三佛陀』，叫做『多陀阿伽度』，叫做『佛陀』。」

三藐三佛陀意譯為「正遍知」、「正遍覺」，是佛陀十號之一。僧肇注：「見法無差，謂之正；智無不周，謂之遍；決定法相，謂之知。」多陀阿伽度意譯即如來、如去，也是佛陀十號之一，意謂不論來去古今，佛陀都與真如法性相契合。

「阿難！若我廣說此三句義，汝以劫壽，不能盡受。正使三千大千世界滿中眾生，皆如阿難多聞第一，得念總持，此諸人等以劫之壽，亦不能受。如是！阿難，諸佛阿耨多羅三藐三菩提無有限量，智慧辯才不可思議。」

「阿難！如果我要詳盡廣泛陳說這三者的涵義，即使你的壽命長達一劫，也還是沒有辦法完全懂。即使三千大千世界中所有眾生，都像阿難一般博聞多知，獲得正念總持無所遺忘，也都活到一劫那麼長的壽命，還是沒有辦法完全懂。就是這樣，阿難！諸佛的無上正等正覺沒有限量，智慧以及辯才都不可思議。」

阿難白佛言：「我從今已往，不敢自謂以為多聞。」佛告阿難：「勿起退意，所以者何？我說汝於聲聞中為最多聞，非謂菩薩。且止！阿難，其有智者，不應限度諸菩薩也。一切海淵尚可測量，菩薩禪定智慧，總持辯才，一切功德，不可量也。阿難！汝等捨置菩薩所行。是維摩詰一時所現神通之力，一切聲聞、辟支佛於百千劫盡力變化所不能作。」

阿難向佛陳言：「從今以後，我再也不敢稱是多聞第一了。」佛開導阿難：「你也不必萌生退意。為什麼呢？我說你在聲聞弟子中最多聞，不是說在菩薩中啊。別這樣，阿難！有智慧的人不會以有限之心，去揣測度量諸菩薩的境界。一切大海深淵尚且可以測量，菩薩的禪定智慧、總持辯才，種種功德卻是不可測量的啊。阿難！你們反正沒有辦法真正理解，就不必去妄議諸菩薩的言行境界了。維摩詰在那一頓飯的光陰中所展現的神通，乃是一切聲聞、辟支佛費百千劫時光，盡力變化也無法做到的啊。」

《易經》很多卦的第三爻都有進退失據之象。艮卦止欲修行，第三爻是從內而外，由下而上不易突破的關口，爻辭：「艮其限，列其夤，厲熏心。」〈小象傳〉：「危熏心也！」爻變為剝卦，確有欲火焚心之苦。巽卦深入沉潛探究真理，第三爻：「頻巽，吝。」〈小象傳〉：「志窮也！」復卦克己復禮，第三爻：「頻復，厲，无咎。」爻變為明夷卦，艱辛痛苦不堪，還有可能走火入魔。觀卦反省觀照，第三爻：「觀我生，進退。」正是聲聞小乘的境界，突破可進窺大乘法門，受阻也會退轉為凡夫。

乾卦人行天道，第三爻：「君子終日乾乾，夕惕若，厲，无咎。」〈小象傳〉：「反復道也。」爻變為履卦，躬行實踐，有過則改，才能不斷精進，日臻上乘。反復道正是復卦改過向善之意，顏回不貳過，即稱復聖。〈繫辭傳〉記子曰：「顏氏之子，其殆庶幾乎！有不善未嘗不知，知之未嘗復行也。」以印證復卦初爻「不遠復」之理。《論語．里仁篇》記子曰：「朝聞道，夕死可矣！」長期都被嚴重誤解為白天聽懂了真理後，晚上死了都了無遺憾。如果這樣，甚麼時候實踐真理呢？儒學最重真知力行，哪有輕生之理？其實該章之前記子曰：「人之過，各於其黨，觀過，斯知仁矣！」就在討論人的犯錯行為，兩章實可視為一章，闡明任何人都會犯錯，知過能改才重要。〈繫辭傳〉：「无咎者，善補過也。」《大戴禮記．曾子立事》：「存往者，在來者。朝有過，夕改，則與之；夕有過，朝改，則與之。」白天犯了錯，當晚就改過；晚上犯了錯，明天早上就改過。從善如流，決不超過一天。所謂夕死，不是指肉身死亡，而是永不再犯同樣的過錯，所謂改過新生。《了凡四訓》：「昨日種種，譬如昨日死；今日種種，譬如今日生。」《論語・述而篇》記子曰：「假我數年，五十以學易，可以無大過矣！」學易重在改過，大過卦有瀕臨死亡之象，有過不改，就是莊子所謂「哀莫大於心死」。

本段所述，佛祖勉勵阿難勿萌退意，繼續精進，才能更上層樓。

爾時，眾香世界菩薩來者，合掌白佛言：「世尊！我等初見此土，生下劣想，今自悔責，捨離是心。所以者何？諸佛方便不可思議。為度眾生故，隨其所應，現佛國異。唯然！世尊，願賜少法，還於彼土，當念如來。」

佛告諸菩薩：「有『盡無盡解脫法門』，汝等當學。何謂為『盡』，謂有為法；何謂『無盡』，謂無為法。如菩薩者，不盡有為，不住無為。」

這時，從眾香世界來的菩薩都雙手合十，向佛祖陳言：「世尊！我們剛剛看見這佛土時，認為這裡卑下劣弱，而有輕視之心。現在我們都後悔自責，捨棄了原來的想法。為什麼呢？諸佛方便度人的神通不可思議，為了超度眾生，隨眾生情況的不同，顯現不一樣的佛國。確實這樣啊！世尊，請您賜予我們些許佛法教導吧。等我們回到眾香世界，將會長久思念如來。」

佛告訴諸位菩薩：「有『盡無盡解脫法門』，你們應當學習。甚麼叫盡？指有為法；甚麼叫無盡？指無為法。菩薩不應滅盡有為法，也不應執著於無為法。」不住有，也不住空。《心經》：「無無明，亦無無明盡。無老死，亦無老死盡。無苦集滅道。無智亦無得，以無所得故。」眾香國的菩薩有住無為法的嫌疑，如果耽溺在無為的清淨境界中，將塵緣滅盡，怎麼救度眾生呢？艮卦止欲修行，突破重重業障，登頂之後做什麼呢？上爻：「敦艮，吉。」〈小象傳〉：「以厚終也。」爻變為謙卦，要服務眾生仍得下山，進入往下鴻雁齊飛的漸卦，引導大家奔赴遠大的前程。

「何謂『不盡有為』？謂不離大慈，不捨大悲，深發一切智心，而不忽忘；教化眾生，終不厭倦；於四攝法，常念順行；護持正法，不惜軀命；眾諸善根，無有疲厭；志常安住，方便迴向；求法不懈，說法無吝；勤供諸佛，故入生死而無所畏；於諸榮辱，心無憂喜；不輕未學，敬學如佛；墮煩惱者，令發正念；於遠離樂，不以為貴；不著己樂，慶於彼樂；在諸禪定，如地獄想；於生死中，如園觀想；見來求者，為善師想，捨諸所有，具一切智想；見毀戒人，起救護想；諸波羅蜜，為父母想；道品之法，為眷屬想；發行善根，無有齊限；以諸淨國嚴飾之事，成己佛土；行無限施，具足相好；除一切惡，淨身口意；生死無數劫，意而有勇；聞佛無量德，志而不倦；以智慧劍，破煩惱賊；出陰、界、入，荷負眾生，永使解脫；以大精進，摧伏魔軍；常求無念實相智慧；行少欲知足。而不捨世法；不壞威儀，而能隨俗；起神通慧，引導眾生；得念總持，所聞不忘；善別諸根，斷眾生疑；以樂說辯，演法無礙；淨十善道，受天人福；修四無量，開梵天道；勸請說法，隨喜讚善，得佛音聲；身口意善，得佛威儀；深修善法，所行轉勝；以大乘教，成菩薩僧；心無放逸，不失眾善。行如此法，是名菩薩不盡有為。」

「怎麼叫做『不滅盡有為法』？這是說不脫離大慈之心，不捨棄大悲之心；深深發起成就一切智的心願，沒有片刻遺忘；教化眾生，永不厭倦；對於布施、愛語、利行、同事的四攝法，念念在心，時常踐行；護持佛教正法，不吝惜身軀性命；廣種善根，不會疲勞厭煩；心志經常安穩平靜，將功德善行都迴向給眾生；自己上求佛道絕不懈怠，提攜後進說法絕不吝惜；勤於供養諸佛，故而在生死輪迴中無所畏懼；不因榮耀而歡喜，不因侮辱而憂愁；不輕視未學，敬重已學者如同敬仰佛祖；對墮入煩惱中人，教他們發起正念；對於遠離塵俗之樂，也不以為可貴；不執著於自己的快樂，而隨喜於他人的快樂；視禪定境界如同地獄而不貪著；視生死輪迴如同遊覽園林臺觀；對來祈求的人，視為啟發自己的好老師，捨棄自己所有的一切，發願追求一切智。看見毀禁犯戒的人，就想救助扶持他；將諸波羅蜜視為父母；將三十七道品視為眷屬；發心修行善根，沒有終結之時；以諸清淨佛土莊嚴美好的修飾，來成就自己的佛土；無限量地布施，具足自己莊嚴的法相；除去一切惡業，使自己的身口意三業清淨；經歷無數生死劫難，心意始終勇猛無畏；聽受佛的無量功德，立志追求永不厭倦；以智慧之劍破煩惱之賊；已經超出五陰、十八界、十二入的束縛，承擔起眾生的重擔，使他們永遠解脫；勇猛精進，摧伏魔怨大軍；經常修習無念法門，證悟諸法實相的智慧；雖然修行少欲知足，卻不捨棄塵世生活；不損壞自己的威儀，又能隨順世俗的行為；發起神通智慧來引導眾生；獲得正念總持，對所有聽聞的佛法都奉行不忘；善於分別眾生的根性利鈍，破解眾生的疑惑；以樂說辯才演說佛法，毫無窒礙；修行清淨十善之道，領受天人施予的福報；修行慈悲喜捨四無量心，打開通往梵天的道路；勸請諸佛說法，隨喜讚嘆，得到如來的美妙法音；身口意三業都清淨，具備佛祖的威儀；深入修行善法，行為更加殊勝；修習大乘教義，成為菩薩乘的僧眾；心念從無放逸，不忘失各種善行。像這樣修行佛法，就叫做菩薩『不滅盡有為法』。」

護持正法，不惜軀命。《壇經．行由品第一》記載五祖潛至碓坊，見六祖惠能腰石舂米，說道：「求道之人，為法忘軀，當如是乎！」菩薩需有荷負眾生的心量與承擔。小畜卦初爻：「復自道，何其咎，吉。」何即負荷，小畜資源不足，所畜者寡，先走好自己的路，承擔本身的過咎。大畜卦上爻：「何天之衢，亨。」〈小象傳〉：「道大行也！」大畜多所吸收充實，畜極轉通，能承擔照顧眾生的大業。小畜似小乘，先求自度；大畜似大乘，度盡一切眾生。

「何謂菩薩不住無為？謂修學空，不以空為證；修學無相、無作，不以無相、無作為證；修學無起，不以無起為證；觀於無常，而不厭善本；觀世間苦，而不惡生死；觀於無我，而誨人不倦；觀於寂滅，而不永寂滅；觀於遠離，而身心修善；觀無所歸，而歸趣善法；觀於無生，而以生法荷負一切；觀於無漏，而不斷諸漏；觀無所行，而以行法教化眾生；觀於空無，而不捨大悲；觀正法位，而不隨小乘；觀諸法虛妄、無牢、無人、無主、無相，本願未滿，而不虛福德禪定智慧。修如此法，是名菩薩不住無為。」

「怎麼叫做菩薩『不執著於無為法』？這是說雖然修習性空法門，卻不以空法為究竟；修習無相無作法門，卻不以無相無作為究竟；修習無起法門，不以無起為究竟；觀照世間一切無常，修行善本毫不厭倦；觀照世間一切皆苦，卻入於生死輪迴而不厭倦；洞觀諸法無我，仍能誨人不倦；觀照一切寂滅，卻不證入涅槃永遠寂滅；遠離塵俗煩惱，仍不斷修習行善；觀照一切沒有歸宿，卻歸依善法；觀照一切不生不滅，卻以荷負眾生為己任；觀照清淨無漏，卻不斷滅世間各種煩惱；觀照無行無為，仍然有所作為教化眾生；觀照世界的空無本質，而不捨棄對眾生的大悲之心；洞觀小乘由無為而入初果正位的道理，卻不遵循其獨善其身之行；洞觀諸法虛妄不實，並不牢固，沒有客觀外界，沒有主觀自我，沒有真實表相，但是救度眾生的本願未滿，並不以福德、禪定、智慧為虛幻而放棄修行。像這樣修行，就叫做菩薩『不執著於無為法』。」

「又具福德故，不住無為；具智慧故，不盡有為。大慈悲故，不住無為；滿本願故，不盡有為。集法藥故，不住無為；隨授藥故，不盡有為。知眾生病故，不住無為；滅眾生病故，不盡有為。諸正士菩薩，已修此法，不盡有為，不住無為，是名『盡無盡解脫法門』。汝等當學。」

爾時，彼諸菩薩聞說是法，皆大歡喜，以眾妙華若干種色，若干種香，散徧三千大千世界，供養於佛及此經法並諸菩薩已，稽首佛足，歎未曾有，言：「釋迦牟尼佛，乃能於此善行方便！」言已忽然不現，還到彼國。

「還有，因為具備福德，所以不執著於無為；具備智慧，不滅盡有為。大慈大悲，不執著於無為；滿足本願，不滅盡有為。採集佛法良藥，不執著於無為；隨緣施藥，不滅盡有為。洞察眾生疾病，不執著於無為；除滅眾生疾病，不滅盡有為。各位菩薩大士，已經修習了這樣的正法，不滅盡有為，也不執著於無為，這就叫做『盡無盡解脫法門』，你們應當好好學習。」

那時，眾香世界的諸位菩薩聽了佛祖宣講這樣的正法，皆大歡喜，隨即將各種色彩、各種香味的美妙花朵散遍三千大千世界，供養佛祖和這經法以及諸位菩薩，然後向佛祖稽首行禮，讚嘆這是未曾有過的奇蹟，並說：「釋迦摩尼佛祖，竟能這樣地方便行善！」說完忽然消逝不見，回到他們自己的世界。

見阿閦佛品第十二

爾時，世尊問維摩詰：「汝欲見如來，為以何等觀如來乎？」維摩詰言：「如自觀身實相，觀佛亦然。我觀如來，前際不來，後際不去，今則不住。不觀色，不觀色如，不觀色性；不觀受、想、行、識；不觀識如，不觀識性。非四大起，同於虛空，六入無積，眼耳鼻舌身心已過，不在三界，三垢已離。順三脫門，具足三明，與無明等。不一相，不異相；不自相，不他相；非無相，非取相。不此岸，不彼岸，不中流，而化眾生；觀於寂滅，亦不永滅；不此不彼，不以此，不以彼。」

這時，世尊問維摩詰：「你想參見如來，你是怎麼看待如來的呢？」

維摩詰答：「就像反觀自身的實相，觀佛也是這樣。我看待如來，以前不曾來過，以後不會離去，現在也留不住。不看色身，不看色的實相，不看色的本性；不看受、想、行、識；不看識蘊的實相，不看識蘊的本性。如來並非四大因緣所生，其本質就是虛空。內六入無所積聚，已然超出眼耳鼻舌身意六根所能感覺，不在欲界、色界、無色界的三界之中，脫離貪嗔癡三垢。隨順空、無相、無作的三解脫法門，雖具備天眼、宿命、漏盡三種神通，智慧通達光明，即等同於無明。不是只有唯一的形相，也不是具有各種不同的形相；不是有自我獨特的形相，也不是有與自我不同的其他形相；並不是沒有形相，也不是只有固定的形相。不是滯留在生死此岸，也不是已達涅槃彼岸，又不是處在兩岸之間的中流，而是方便度化眾生；雖然觀照到寂滅之境，卻不永遠入滅。非彼非此，不處在此，也不處在彼。」

前際指過去，後際為未來，今是現在。《金剛經》：「過去心不可得，現在心不可得，未來心不可得。」如來佛性超越了時空相，而是無定在，無所不在。〈繫辭傳〉：「神無方而易無體。」又稱：「陰陽不測之謂神。」〈說卦傳〉：「神也者，妙萬物而為言者也。」豫卦瞻望未來，隨卦掌握當今，蠱卦面對過去，三卦依序相接，正是時光流逝之象。

色指色相，色如指諸色如實相，色性為色的清淨本性。凡夫肉眼看到虛妄的色相，以為就是真實；聲聞、緣覺小乘以慧眼觀照，看到色相如同實相；菩薩以法眼觀照，看到色相就是清淨本性。維摩詰強調勿以固定觀點的分別妄見去看待如來。

三脫門是三種解脫的法門：空、無相、無作。到了佛身自在的時候，完全順著三個解脫法門，領悟了真理，所以雖然具足三明，本質上和無明是一樣的。這裡講的三明，就是所謂的六通：神足通、天眼通、天耳通、他心通、宿命通、漏盡通。

佛菩薩現身說法，所以不會只有一種相；佛身就是法身，所以並無不同的形相。清淨法身、圓滿報身、千百億化身，實即一身。

「不可以智知，不可以識識；無晦無明；無名無相；無強無弱；非淨非穢；不在方，不離方；非有為，非無為；無示無說；不施不慳；不戒不犯；不忍不恚；不進不怠；不定不亂；不智不愚；不誠不欺；不來不去；不出不入；一切言語道斷；非福田，非不福田；非應供養，非不應供養；非取非捨；非有相，非無相；同真際，等法性；不可稱，不可量，過諸稱量；非大非小；非見非聞；非覺非知；離眾結縛；等諸智，同眾生，於諸法無分別；一切無失，無濁無惱，無作無起，無生無滅，無畏無憂，無喜無厭無著；無已有，無當有，無今有；不可以一切言說分別顯示。世尊！如來身為若此，作如是觀。以斯觀者，名為正觀；若他觀者，名為邪觀。」

「如來境界不可以用世俗的智慧去理解，不可以世間的知識去認識；不是晦暗也不是光明；沒有名號，也沒有形相；不是強大，也不是弱小；不是清淨，也不是污穢；不在特定地方，也不是脫離方所而獨存；不是有為，也不是無為；無所示現，也無所言說；不是布施，也不是吝嗇；不是遵守戒律，也不是違犯戒律；不是忍辱，也不是恚怒；不是精進修行，也不是懶惰懈怠；不是禪定寂靜，也不是煩擾混亂；不是聰明，也不是愚昧；不是誠信，也不是欺詐；不來也不去；不出也不入；已經斷絕了一切言語表達的可能；不是福田，也並非不是福田；不是應受供養，也不是不應供養；不是取得，也不是捨棄；沒有形相，也不是全無形相；與萬法的真實本質相同；不可稱度也不可測量，已經超越了世間稱量的限度；不是大，也不是小；不可看見，不可聽聞；

不可感覺，不可認知；擺脫了種種煩惱束縛；上同諸佛的智慧，下同眾生之體，於世間諸法無所分別；對一切沒有任何過失，沒有污濁沒有煩惱，無所造作無所生起，無所產生無所消滅，沒有畏懼憂愁，沒有歡喜、厭倦、執著之情；沒有過去現在未來之分，不可以一切言說分別顯示。世尊！如來法身正是如此，應當作如此的觀照。以這樣的態度觀照，稱為正觀。如果以其他態度來觀照，就稱為邪觀。」

言語道斷，心行處滅，也稱心行路絕。真理大道沒法用言語確實闡述，不可思議，不可言詮。《老子》開章即講：「道可道，非常道。名可名，非常名。」言語文字能夠表達的很有限，學《易》也得善體言外之意，得意忘象，得象忘言，不然不容易真有所獲。

爾時，舍利弗問維摩詰：「汝於何沒？而來生此？」維摩詰言：「汝所得法，有沒、生乎？」舍利弗言：「無沒、生也。」「若諸法無沒、生相，云何問言：『汝於何沒而來生此？』於意云何？譬如幻師，寧沒、生耶？」舍利弗言：「無沒、生也。」「汝豈不聞佛說諸法如幻相乎？」答曰：「如是。」「若一切法如幻相者，云何問言『汝於何沒而來生此』？舍利弗！沒者為虛誑法壞敗之相，生者為虛誑法相續之相。菩薩雖沒，不盡善本；雖生，不長諸惡。」

這時，舍利弗問維摩詰：「你從哪裡去世以後才轉生到這裡來的呢？」維摩詰反問他：「你所領悟證解的世間萬法，有死亡和出生嗎？」舍利弗答道：「沒有死亡和出生。」「既然沒有死亡和出生，你為什麼還要問『你從哪裡去世以後才轉生到這裡』呢？你認為怎麼樣？譬如魔術師變化出那些虛幻的男女，它們有死亡和出生嗎？」舍利弗說：「沒有死亡和出生。」「你難道沒聽佛說過，諸法皆如幻相嗎？」舍利弗回答：「確實如此。」「如果世間一切都是虛幻的假相，為什麼還要問『你從哪裡去世以後才轉生到這裡』呢？舍利弗！死亡是虛妄不實之法壞敗所呈現的表相，出生是虛妄不實之法接續所呈現的表相。而菩薩即使死亡，善業的根本也不會消盡；如果再出生，也不會增長各種惡業。」

是時，佛告舍利弗：「有國名妙喜，佛號無動，是維摩詰於彼國沒，而來生此。」舍利弗言：「未曾有也！世尊，是人乃能捨清淨土，而來樂此多怒害處！」維摩詰語舍利弗：「於意云何？日光出時，與冥合乎？」答曰：「不也。日光出時，則無眾冥。」維摩詰言：「夫日何故，行閻浮提？」答曰：「欲以明照，為之除冥。」維摩詰言：「菩薩如是。雖生不淨佛土，為化眾生，不與愚闇而共合也，但滅眾生煩惱闇耳。」

這時，佛祖告訴舍利弗：「有一國度名為妙喜，佛祖號為無動。維摩詰就是在那個國度去世，而轉生到這裡。」舍利弗說：「真是未曾有的事啊！世尊，他竟然能夠捨棄那樣的清淨佛土，而樂於轉生到這充滿怨怒毒害的地方！」維摩詰向舍利弗說道：「你認為怎麼樣？早晨日出時，會與夜暗混為一體嗎？」答道：「當然不會。日光出現時，夜暗就消逝了。」維摩詰道：「太陽為什麼要到我們這個閻浮提世界來運行呢？」答道：「因為要以日光的明照，來為世界除去夜暗。」維摩詰道：「菩薩也是這樣。雖然生在不清淨的佛土，卻是為了教化眾生，不是要與愚昧昏闇混處。而是要滅除眾生的煩惱昏闇啊！」

無動佛就是本品題中的阿閦佛。密宗經典中有五佛五身的說法：中央大日如來、東方阿閦如來、南方寶生如來、西方阿彌陀如來、北方不空成就如來。下經之首的咸卦，第二爻：「咸其腓，凶。」〈小象傳〉：「順不害也！」第四爻：「憧憧往來，朋從爾思。」〈小象傳〉：「未感害也。」人間世充滿怨怒毒害，真不易處。

是時，大眾渴仰，欲見妙喜世界無動如來，及其菩薩、聲聞之眾。佛知一切眾會所念，告維摩詰言：「善男子！為此眾會現妙喜國無動如來，及諸菩薩、聲聞之眾，眾皆欲見。」於是維摩詰心念：「吾當不起於座，接妙喜國鐵圍山川、溪谷江河、大海泉源、須彌諸山，及日月星宿、天龍鬼神、梵天等宮，並諸菩薩、聲聞之眾、城邑聚落、男女大小，乃至無動如來，及菩提樹、諸妙蓮華，能於十方作佛事者。三道寶階，從閻浮提至忉利天。以此寶階諸天來下，悉為禮敬無動如來，聽受經法；閻浮提人亦登其階，上升忉利，見彼諸天、妙喜世界。成就如是無量功德。上至阿迦尼吒天，下至水際，以右手斷取如陶家輪，入此世界，猶持華鬘示一切眾。」作是念已，入於三昧，現神通力，以其右手斷取妙喜世界，置於此土。

這時，大家都衷心渴盼仰慕，希望見到妙喜世界的無動如來，以及那裡的菩薩、聲聞大眾。佛祖知道一切大眾心中所想，便對維摩詰說：「善男子！為這裡的大眾顯現妙喜國的無動如來，以及那裡的菩薩、聲聞大眾吧，大家都希望看見。」於是維摩詰心裡想：「我應當不離開座位，將妙喜國的鐵圍山川、溪谷江河、大海泉源、須彌諸山，以及日月星宿、天龍鬼神、帝釋梵天等宮殿，還有諸菩薩、聲聞大眾、城邑聚落、男女大小，乃至無動如來及菩提樹、各種美妙蓮花，凡這一切能在十方世界舉辦佛事的，全部接引過來。搭起三道寶階的天梯，從閻浮提到忉利天。諸天神都從這寶階下來，向無動如來恭敬行禮，聽受佛法；閻浮提眾生也登上寶階，上升到忉利天，會見諸天和妙喜世界。我應當成就這樣的無量功德。上至阿迦尼吒天，下到水邊，用右手斷取妙喜世界猶如製陶的轉輪，進入這世界之中，就像手裡拿著花環一樣向大眾展示。」維摩詰想罷，就進入三昧禪定，展現神通，用右手斷取妙喜世界，放置到這世界來。

彼得神通菩薩，及聲聞眾，並餘天人，俱發聲言：「唯然！世尊！誰取我去？願見救護！」無動佛言：「非我所為，是維摩詰神力所作。」其餘未得神通者，不覺不知已之所往。妙喜世界雖入此土而不增減，於是世界亦不迫隘，如本無異。

那妙喜世界已得神通的眾位菩薩及聲聞弟子，還有其餘的天人，都開口問道：「世尊啊！是誰把我們搬到這裡來啦？趕快救救我們！」無動佛說：「這不是我做的，是維摩詰運用神力所為。」其餘未得神通的眾生，根本就沒察覺自己已被搬移。妙喜世界雖然進入這個世界，並無增減，這個世界也不會因此變得侷促狹隘，跟原來沒甚麼不同。

爾時，釋迦牟尼佛告諸大眾：「汝等且觀妙喜世界、無動如來！其國嚴飾，菩薩行淨，弟子清白。」皆曰：「唯然！已見。」佛言：「若菩薩欲得如是清淨佛土，當學無動如來所行之道。」現此妙喜國時，娑婆世界十四那由他人發阿耨多羅三藐三菩提心，皆願生於妙喜佛土。釋迦牟尼佛即記之曰：「當生彼國。」時妙喜世界，於此國土所應饒益，其事訖已，還復本處。舉眾皆見。

這時，釋迦牟尼佛告訴大眾說道：「你們且看這妙喜世界，還有無動如來！他們的國度修飾莊嚴，菩薩言行清淨，弟子清白無瑕。」大眾都說：「確實如此！我們都已看見。」佛祖說道：「若菩薩想獲得這樣的清淨佛土，就得學習無動如來所行的佛道。」在妙喜國顯現之時，娑婆世界上有十四那由他之多的人發心求取無上正等正覺，都願轉生到妙喜佛土。釋迦牟尼佛當即給予授記，說：「你們以後將會轉生到那個國度。」

這時妙喜世界，對這國土應當有所饒益的事已經圓滿完成，便回到了原來的位置，所有大眾都親眼目睹。

佛告舍利弗：「汝見此妙喜世界及無動佛不？」「唯然，已見。世尊！願使一切眾生得清淨土如無動佛，獲神通力如維摩詰。世尊！我等快得善利，得見是人，親近供養。其諸眾生，若今現在，若佛滅後，聞此經者亦得善利；況復聞已，信解受持，讀誦解說，如法修行？若有手得是經典者，便為已得法寶之藏；若有讀誦解釋其義，如說修行，則為諸佛之所護念；其有供養如是人等，當知則為供養於佛，其有書持此經卷者，當知其室及有如來；若聞是經能隨喜者，斯人則為趣一切智；若能信解此經，乃至一四句偈為他說者，當知此人即是受阿耨多羅三藐三菩提記。」

佛向舍利弗問道：「你看見這妙喜世界和無動佛了嗎？」「是的，我已經看見。世尊啊，希望一切眾生都像無動佛一樣獲得清淨佛土，像維摩詰一樣獲得神通力。世尊！我們真是幸運，這麼快得到廣大的利益，得以參見這樣的人物親近供養。那些芸芸眾生，無論活在當世，還是生在佛祖入滅之後，只要聽聞這部經典的，都會得到廣大利益；何況聽懂了以後，能信受解悟，誦讀解說，依法修行，功德更大。只要手上得到這部經典的人，便已經得到佛法的大寶藏；如果能夠讀誦經文，解釋經義，依照修行，必然得到諸佛的庇護關懷；如有供養這些人的，就等於供養了佛祖；如果有抄寫持誦這經卷的，其室中就有如來；如果聽到這部經典能心生喜悅的，這人就接近了一切智；若能信受解悟這部經典，甚至於為他人解說其中一四句偈頌，應當知道這人已經領受了獲得無上正等正覺的授記。」

法供養品第十三

爾時，釋提桓因於大眾中白佛言：「世尊，我雖從佛及文殊師利聞百千經，未曾聞此不可思議、自在神通、決定實相經典。如我解佛所說義趣，若有眾生聞此經法，信解受持讀誦之者，必得是法不疑。何況如說修行？斯人則為閉眾惡趣，開諸善門，常為諸佛之所護念，降伏外學，摧滅魔怨，修治菩提，安處道場，履踐如來所行之跡。世尊！若有受持讀誦、如說修行者，我當與諸眷屬供養給事；所在聚落城邑、山林曠野，有是經處，我亦與諸眷屬聽受法故，共到其所。其未信者，當令生信；其已信者，當為作護。」

這時，釋提桓因從大眾中向佛祖說道：「世尊！我雖然已從佛祖您和文殊師利菩薩口中聽過百千部經典，卻未曾聽過如此不可思議，擁有自在神通，表現出究竟實相的經典。按照我對佛所說法的理解，如果眾生聽聞此經，信奉領悟，受持讀誦，必定得到佛法真諦，何況依照經義修行的眾生呢？他們一定能夠關閉眾惡之門，開啟諸善之門，常常得到諸佛的庇護關懷，降伏外道，摧滅魔怨，修治菩提，安處道場，實踐如來所走過的道路。世尊！如果有受持讀誦經文並依照經義修行的眾生，我當與所有眷屬供養服侍他們；所有村落城鎮、山林曠野，只要是奉持這部經典的地方，我也會同眷屬，去那裡聽受佛法。那些還不相信這部經典的人，我會讓他們相信；那些已經相信的人，我將護佑他們。」

佛言：「善哉，善哉！天帝，如汝所說，吾助爾喜。此經廣說過去、未來、現在諸佛不可思議阿耨多羅三藐三菩提，是故，天帝，若善男子、善女人，受持讀誦供養是經者，則為供養去、來、今佛。天帝，正使三千大千世界如來滿中，譬如甘蔗、竹葦、稻麻、叢林，若有善男子、善女人，或以一劫，或減一劫，恭敬尊重，讚歎供養，奉諸所安；至諸佛滅後，以一一全身舍利起七寶塔，縱廣一四天下，高至梵天，表刹莊嚴，以一切華香瓔珞幢幡伎樂微妙第一，若一劫，若減一劫，而供養之。於天帝意云何？其人植福，寧為多不？」

釋提桓因言：「多矣。世尊，彼之福德，若以百千億劫說不能盡。」

佛告天帝：「當知是善男子、善女人，聞是不可思議解脫經典，信解受持，讀誦修行，福多於彼。所以者何？諸佛菩提皆從此生。菩提之相不可限量，以是因緣福不可量。」

佛祖說道：「好啊，好啊！天帝，你能這麼說，我真替你高興。這部經典廣說過去、未來、現在諸佛不可思議的無上正等正覺。因此，天帝啊！如果有善男子、善女人，受持讀誦供養這部經典，就等於是供養過去、未來、現在三世諸佛。天帝啊！如果在三千大千世界當中充滿如來，有如世間的甘蔗、竹葦、稻麻、叢林一般。若有善男子、善女人，或以一劫，或略少一劫的時光，恭敬尊重、讚歎供養，供奉諸佛使其安樂，在諸佛滅度之後，供奉其全身舍利，築起七層寶塔，都有一個四天下那麼大，高聳直至梵天，表刹華美莊嚴，並且用一切香花瓔珞、幢幡伎樂，微妙無比。這樣或以一劫，或略少一劫的時光加以供養。天帝啊！你覺得這樣？這人所植的福德多不多呢？」

天帝說道：「多啊！世尊，這人的福德，及使用百千億劫時光來說也說不盡。」

佛教導天帝：「你應當知道，這些善男子、善女人，如果聽聞這部不可思議解脫經典，信受解悟，讀誦修行，所積的福業比那還多啊。為什麼呢？因為諸佛覺悟都從這部經典中產生。菩提覺悟的功德無量，因此福業也不可限量。」

佛告天帝：「過去無量阿僧祇劫時，世有佛號曰藥王如來、應供、正遍知、明行足、善逝、世間解、無上士、調御丈夫、天人師、佛世尊，世界名大莊嚴，劫名莊嚴，佛壽二十小劫，其聲聞僧三十六億那由他，菩薩僧有十二億。天帝，是時有轉輪聖王名曰寶蓋，七寶具足，主四天下。王有千子，端正勇健，能伏怨敵。爾時，寶蓋與其眷屬供養藥王如來，施諸所安，至滿五劫。過五劫已，告其千子：『汝等亦當如我，以深心供養於佛。』於是千子受父王命，供養藥王如來，復滿五劫，一切施安。其王一子名曰月蓋，獨坐思惟：『寧有供養殊過此者？』以佛神力，空中有天曰：『善男子，法之供養，勝諸供養。』即問：『何謂法之供養？』天曰：『汝可往問藥王如來，當廣為汝說法之供養。』」

佛告訴天帝：「在過去無量阿僧祇劫之前，世上有位佛祖號稱藥王如來、應供、正遍知、明行足、善逝、世間解、無上士、調御丈夫、天人師、佛世尊，他的世界名為大莊嚴，當時的劫名為莊嚴，佛的壽命為二十小劫，聲聞僧眾多達三十六億那由他，菩薩僧多達十二億。天帝啊，那時有位轉輪聖王名叫寶蓋，七寶俱足，統治著四天下。寶蓋聖王有千位王子，都面容端正，體格勇健，能降伏各種魔怨仇敵。當時，寶蓋與其眷屬供養藥王如來，布施所需的一切，時間長達五劫。到了五劫已滿，告訴他的千位王子說：『你們也應當像我一樣，以深心供養於佛。』於是千位王子都接受了父王的命令，供養藥王如來，這樣又過了五劫，一切布施安妥。其中一位王子名叫月蓋，有次獨坐思想：『還有沒有更殊勝的供養方法？』因了佛祖的神力，空中有天神發聲說道：『善男子啊，法的供養勝過其他一切供養。』月蓋就問：『甚麼是法的供養？』天神說道：『你可以去請教藥王如來，他會為你詳盡訴說甚麼叫法的供養。』」

佛有十號，涵義如下：一、如來，從真如理中來成正覺。二、應供，應受眾生供養。三、正遍知：智慧正確周遍，通達法性。四、明行足：三明之行具足。五、善逝：行八正道而入涅槃。六、世間解：能悟解世間出世間一切事理。七、無上士：地位至高無上。八、調御丈夫：佛以柔軟語、苦切語、剛強語調伏眾生。九、天人師：天人導師。十、佛世尊：覺悟聖者，在世間出世間最為尊貴。

「即時月蓋王子行詣藥王如來，稽首佛足，卻住一面。白佛言：『世尊！諸供養中，法供養勝。云何名為法之供養？』佛言：『善男子！法供養者，諸佛所說深經。一切世間難信難受，微妙難見，清淨無染，非但分別思惟之所能得。菩薩法藏所攝，陀羅尼印印之，至不退轉，成就六度，善分別義，順菩提法，眾經之上，入大慈悲，離眾魔事及諸邪見。順因緣法，無我無人，無眾生無壽命，空、無相、無作、無起。能令眾生坐於道場而轉法輪。諸天，龍神，乾闥婆等，所共歎譽。能令眾生入佛法藏，攝諸賢聖一切智慧，說眾菩薩所行之道，依於諸法實相之義，明宣無常、苦、空、無我、寂滅之法。能救一切毀禁眾生，諸魔外道及貪著者，能使怖畏。諸佛賢聖所共稱歎。背生死苦，示涅槃樂。十方三世諸佛所說。若聞如是等經，信解受持讀誦，以方便力為諸眾生分別解說顯示分明，守護法故，是名法之供養。』」

「月蓋王子當即去參見藥王如來，向佛足稽首行禮，站在一旁，向佛陳言：『世尊！在各種供養之中，法的供養最殊勝。甚麼叫做法的供養？』佛說道：『善男子啊！所謂法的供養就是諸佛所說的很深奧的經典。一切世間眾生很難信受奉行，清淨無染，不是一般分別心重的種種思維能夠證到這種境界。它屬於大乘菩薩法藏，由總持一切的陀羅尼印所印可，達到永不退轉的地步。成就布施、持戒、忍辱、精進、禪定、智慧六度萬行，善於識別深奧義理，隨順菩提覺悟之法，在眾經中位居第一，能引導眾生進入大慈大悲之境，脫離眾魔惡事及各種偏執邪見。闡揚十二因緣法，主張無我、無人、無眾生、無壽者、空、無相、無作、無起的真諦。能令眾生坐於道場而轉法輪。諸天、龍神、乾闥婆等天龍八部鬼神都讚歎稱頌。這經典能令眾生進入佛法寶藏，吸收諸賢聖的一切智慧。闡述眾菩薩所遵行的正道，依據諸法實相之義，明確宣揚無常、苦、無我、寂滅的真諦。這經典能拯救一切違犯戒律的眾生；能令各種魔怨、外道以及貪戀執著的眾生知所畏懼。諸佛賢聖都對之稱誦讚歎。除去生死之苦，展示涅槃之樂。這是十方三世諸佛所宣說的最高經典。如果有人聽到這樣的經典，信解受持讀誦，且能隨緣方便為眾生解說分明，由於守護佛法的緣故，就叫做法之供養。』」

《老子》：「不出戶，知天下；不窺牖，見天道；其出彌遠，其知彌少。」坐於道場中而轉法輪，不必疲於奔命到處求法。

「又於諸法如說修行，隨順十二因緣，離諸邪見，得無生忍，決定無我無有眾生，而於因緣果報無違無諍，離諸我所。依於義，不依語；依於智，不依識；依了義經，不依不了義經；依於法，不依人。隨順法相，無所入，無所歸。無明畢竟滅，故諸行亦畢竟滅，乃至生畢竟滅，故老死亦畢竟滅。作如是觀，十二因緣無有盡相，不復起相。是名最上法之供養。」

「另外，他能依照經法修行，隨順十二因緣，脫離各種邪見，得正無生法忍，領悟到無我、無眾生的真諦，不違背因緣果報之理，擺脫自我和外界的區分。依於經義，不拘泥於文辭；因為語言文字有可能偏離大義。依於通達世界本質的智慧，不拘執於對表象的認識；依據了悟透徹的經典，不依據了悟不透的經典；依於經法而不依從講經的人。隨順世界的本相，理解萬物都是隨緣生滅，並無一定的來處與歸宿。如果他領悟到十二因緣中無明畢竟歸於寂滅，因而諸行也畢竟歸於寂滅，乃至生亦歸於寂滅，故而老死亦畢竟歸於寂滅。能夠如此觀照十二因緣循環無盡，就不執著一切相，這就叫做最上的法供養。』」

依於智不依識，所以才要轉識成智，眼耳鼻舌身意、末那、阿賴耶，八識皆不可靠，要轉為成所作智、妙觀察智、平等性智、大圓鏡智。

佛教經典闡述小乘法的是不了義經，弘揚大乘法的是了義經。中國文化的根柢在六經，《易》與《春秋》最高深，為了義經；其他不少經典為不了義經。《禮記．禮運》先談大同，只有百餘字，為了義；後面長篇累牘論小康，為不了義。《論語．雍也篇》：「汝為君子儒，無為小人儒。」儒分君子小人，非一般意義，而是大同與小康基本主張的不同。《易》與《春秋》的傳承皆與子夏有關，故而夫子鄭重叮囑。

依於法，不依人，法是恆在的，可是傳法的人有時候就有私心私見，不可為其所誤導。十二因緣循環無盡，《心經》稱：「無無明，亦無無明盡，乃至無老死，亦無老死盡。」

佛告天帝：「王子月蓋，從藥王佛聞如是法，得柔順忍，即解寶衣嚴身之具以供養佛，白佛言：『世尊，如來滅後，我當行法供養，守護正法。願以威神加哀建立，令我得降伏魔怨，修菩薩行。』佛知其深心所念，而記之曰：『汝於末後，守護法城。』天帝，時王子月蓋見法清淨，聞佛授記，以信出家，修習善法。精進不久，得五神通，逮菩薩道，得陀羅尼無斷辯才。於佛滅後，以其所得神通、總持、辯才之力，滿十小劫，藥王如來所轉法輪隨而分佈。月蓋比丘，以守護法勤行精進，即於此身，化百萬億人，於阿耨多羅三藐三菩提立不退轉；十四那由他人，深發聲聞辟支佛心；無量眾生，得生天上。」

釋迦牟尼佛繼續對天帝說道：「王子月蓋從藥王佛口中聽聞這樣的佛法，獲得了柔順忍辱的境界，便解下身上的寶衣飾物來供養佛，然後對佛陳言：『世尊，如來入滅以後，我當行法供養，守護正法，願以威神加被於我，使我得以降伏魔怨，修菩薩行。』佛了解他心裡深處的想法，便對他授記道：『你將在佛滅度後，守護佛法之城。』天帝啊，這時王子月蓋目睹佛法清淨，親得藥王佛的授記，虔誠信佛出家，修習善法。精進不久，得到五神通和菩薩道行，具備陀羅尼總持一切智慧，辯才無礙。在藥王佛滅後，滿十小劫的時光，以他所獲得的神通、總持及辯才，使藥王如來所轉的法輪隨處分佈，傳揚到天下四方。月蓋比丘為了守護正法而精進修行，即於此生度化百萬億人，令他們獲得無上正等正覺，永不退轉；度化十四那由他人，令發聲聞、辟支佛心；度化無量眾生，得轉生天上。」

《金剛經》講燃燈佛授記給釋迦牟尼，現在是藥王佛如來也授記給王子月蓋，就是釋迦牟尼前生。佛佛相繼，弘法不斷。

「天帝！時王寶蓋，豈異人乎！今現得佛，號寶焰如來。其王千子，即賢劫中千佛是也。從迦羅鳩孫馱為始得佛，最後如來號曰樓至。月蓋比丘，則我身是。如是，天帝，當知此要。以法供養，於諸供養為上，為最第一無比。是故天帝，當以法之供養供養於佛。」

「天帝啊！那時的聖王寶蓋，難道是別人嗎？他現在已經成佛，號寶焰如來。他的千位王子，就是賢劫中的千佛。迦羅鳩孫馱是第一位始得佛，最後一位是樓至佛。月蓋比丘就是我的前生。正像這樣，天帝啊，你應當明白這法要。以法來供養，在各種供養中最為上等，是至高無上的。因此，天帝啊，你應當以法之供養來供養諸佛。」

囑累品第十四

於是佛告彌勒菩薩言：「彌勒！我今以是無量億阿僧祇劫所集阿耨多羅三藐三菩提法付囑於汝。如是輩經，於佛滅後，末世之中，汝等當以神力，廣宣流布於閻浮提，無令斷絕。未來世中，當有善男子、善女子，及天、龍、鬼、神、乾闥婆、羅剎等，發阿耨多羅三藐三菩提心，樂於大法。若使不聞如是等經，則失善利。如此輩人聞是等經，必多信樂，發希有心。當以頂受，隨諸眾生所應得利，而為廣說。」

於是佛祖對彌勒菩薩說：「彌勒！我現在將無量數劫以來所積累的無上正等正覺之法託付給你。在佛入滅後的末法時期，你們應當以神通力將這些經典廣泛流布於閻浮提世界，不要讓它斷絕。為什麼呢？在未來世中，將會有善男子、善女人，以及天、龍、鬼、神、乾闥婆、羅剎等，發心求取無上正等正覺，樂於信奉大乘佛法。如果他們不能聽聞到這樣的經典，就失去了重大修善的機會。如果他們聽聞到這樣的經典，必然信受歡喜，發起稀有的道心。你應當頂禮受持，隨應眾生所應得到的身心大利而廣泛說法。」

我曾占問：彌勒佛的境界是什麼？節卦初、二、五爻動，齊變成坤卦。節卦排序第六十，滿干支甲子氣數，〈彖傳〉稱：「悅以行險，當位以節，中正以通，天地節而四時成。」〈大象傳〉：「君子以制數度，議德行。」坤卦為廣土眾民之象，也顯示大勢所趨，符合未來佛的意象。節卦初爻：「不出戶庭，无咎。」〈小象傳〉：「知通塞也。」二爻：「不出門庭，凶。」〈小象傳〉：「失時極也！」五爻：「甘節，吉，往有尚。」〈小象傳〉：「居位中也。」不該出來時潛藏不動，該出來時勿失時機，最後圓滿成就。彌勒佛的法相都笑呵呵的，正是苦盡甘來之象。

又問阿彌陀佛的境界呢？井卦二、三、五爻動，齊變也是坤卦。井卦之前為困卦，其後為革卦，人生遭逢種種困境，其志不渝，篤志開發自性成功。井卦第二爻：「井谷射鮒，甕敝漏。」仍為有漏法；第三爻：「井渫不食，為我心惻。求王明，並受其福。」已現靈明清淨，尚待大德牽引。第五爻：「井冽，寒泉食。」修成光明正果。

「彌勒，當知菩薩有二相，何謂為二？一者，好於雜句文飾之事；二者，不畏深義，如實能入。若好雜句文飾事者，當知是為新學菩薩；若於如是無染無著甚深經典，無有恐畏，能入其中，聞已心淨，受持讀誦，如說修行。當知是為久修道行。」

「彌勒！復有二法，名新學者不能決定於甚深法。何等為二？一者，所未聞深經，聞之驚怖生疑，不能隨順，毀謗不信，而作是言：『我初不聞，從何所來？』二者，若有護持解說如是深經者，不肯親近供養恭敬，或時於中說其過惡。有此二法，當知是新學菩薩，為自毀傷，不能於深法中調伏其心。」

「彌勒，復有二法，菩薩雖信解深法，猶自毀傷，而不能得無生法忍。何等為二？一者，輕慢新學菩薩而不教誨；二者，雖信解深法，而取相分別。是為二法。」

「彌勒啊，你應當知道菩薩有兩種情況。哪兩種呢？一是喜好繁雜華麗的文辭來理解受持佛法；二是不怕佛理艱深，願下苦功直探真諦。如果是喜好繁雜華麗的文辭修飾，當知是新學道不久的菩薩；如果對這樣清淨無染的深奧經典毫不畏避，能深入其中內涵，聽法以後心意清淨，受持讀誦，依照經法修行，應當知道就是長久修道的菩薩。」

「彌勒啊，還有兩種情況，表明新學菩薩不能領會深奧的佛法。哪兩種呢？一是聽到自己未曾聽過的深奧經典，心中驚恐疑惑，不能隨順佛法，反而毀謗說道：『我從沒聽過這樣的道理，這是從哪兒來的？』二是如果遇到那些護持解說這樣深奧經典的人，他不肯親近恭敬供養，甚至在聽法時講他們的壞話。如果有這兩種情況，應當知道是新學菩薩毀傷自己，不能於深奧佛法中調伏自心。」

「彌勒啊，還有兩種情況，菩薩雖然已經信奉領悟深奧的佛法，猶然自我毀傷，因而不能獲得無生法忍。是哪兩種呢？一是傲慢輕視新學菩薩而不肯教誨。二是雖然信奉領悟深奧的佛法，還執著世間諸相的分別，沒有圓融無礙。就是這兩種情況。」

《老子》：「上士聞道，勤而行之。中士聞道，若存若亡。下士聞道，大笑之，不笑不足以為道。」新學者無法領會深奧的佛法，反而毀謗批評，與此類似。

彌勒菩薩聞說是已，白佛言：「世尊！未曾有也。如佛所說，我當遠離如斯之惡。奉持如來無數阿僧祇劫所集阿耨多羅三藐三菩提法。若未來世，善男子、善女人求大乘法者，當令手得如是等經，與其念力，使受持讀誦，為他人廣說。世尊！若後末世，有能受持讀誦，為他說者，當知是彌勒神力之所建立。」

佛言：「善哉，善哉！彌勒！如汝所說，佛助爾喜。」

於是一切菩薩，合掌白佛：「我等亦於如來滅後，十方國土，廣宣流布阿耨多羅三藐三菩提，復當開導諸說法者，令得是經。」爾時，四天王白佛言：「世尊！在在處處、城邑聚落、山林曠野，有是經卷讀誦解說者，我當率諸官屬，為聽法故，往詣其所，擁護其人，面百由旬，令無伺求得其便者。」

彌勒菩薩聽聞教誨完畢，向佛陳言：「世尊！這真是未曾有過的說法啊！如佛所說，我當遠離這樣的惡行，奉持如來在無數世代中所積累的無上正等正覺的大法。如果在未來世，有善男子善女人追求大乘法門，我會讓他們手中獲得這樣的經典，賦予超強的念力，使他們受持讀誦，為他人廣泛解說。世尊！如果在佛滅後的末世，有能受持讀誦這經典，並為他人說法的眾生，應當知道這是彌勒神力所建立的。」

佛祖說道：「好啊！好啊！彌勒，正如你所說的，一切諸佛都會輔助你的善行。」

於是一切菩薩雙掌合十，向佛陳言：「我們也會在如來入滅以後，在十方國土廣泛宣講流傳這無上正等正覺的大法，並且開導那些說法者，讓眾生得到這樣的經典。」這時，四大天王也向佛陳言：「世尊！無論在任何地方，城鎮村落、山林曠野，只要有人讀誦解說這部經典的，我都會率領部屬，為了聽法的緣故而去到那裡，護持扶助他，在四周各一百由旬之內，不許任何人伺機阻撓加害。」

> 是時，佛告阿難：「受持是經，廣宣流布。」阿難言：「唯！我已受持要者。世尊，當何名斯經？」佛言：「阿難，是經名為《維摩詰所說》，亦名《不可思議解脫法門》。如是受持。」
>
> 佛說是經已，長者維摩詰、文殊師利、舍利弗、阿難等，及諸天、阿修羅、一切大眾，聞佛所說，皆大歡喜，作禮而去。

這時，佛囑咐阿難：「你也應該受持這部經典，使它廣泛流傳。」阿難答道：「是！我已經受持了整部經典的秘要。世尊，這部經典應當叫甚麼名字呢？」佛祖道：「阿難，這部經典就叫

《維摩詰所說經》，又叫《不可思議解脫法門經》，你就這樣領受護持吧。」

佛祖說完這部經之後，長者維摩詰、文殊師利、舍利弗，阿難等等，及諸天人、阿修羅，還有一切與會大眾，聆聽了佛陀所說的教誨，皆大歡喜，向佛祖行禮之後離開。

劉君祖易經世界24

從易經解維摩詰經

作　者：劉君祖
封面繪圖：李錦枝
封面設計：張士勇
責任編輯：李濰美
校　對：趙曼如、李昧、劉君祖
法律顧問：董安丹律師、顧慕堯律師
出　版：大塊文化出版股份有限公司
地　址：台北市 105022 南京東路四段二十五號十一樓
網　址：www.locuspublishing.com
讀者服務專線：0800-006689
電　話：(02) 87123898　傳眞：(02) 87123897
郵撥帳號：18955675　戶名：大塊文化出版股份有限公司
總 經 銷：大和書報圖書股份有限公司
地　址：新北市 24890 新莊區五工五路二號
電　話：(02) 89902588（代表號）　傳眞：(02) 22901658
初版一刷：二〇二二年十一月二十五日
定　價：新台幣四〇〇元
Printed in Taiwan

從易經解維摩詰經 / 劉君祖著 . -- 初版 . -- 臺北市 : 大塊文化出版股份有限公司 , 2022.12
面；　公分 . --（劉君祖易經世界；24）

ISBN 978-626-7206-24-9（平裝）

1. 易經 2. 維摩詰經 3. 研究

121.17　　111015978